新版

中国を知るための中国語中級テキスト
―― 「読む辞典」付き

小川郁夫　張　科蕾　著

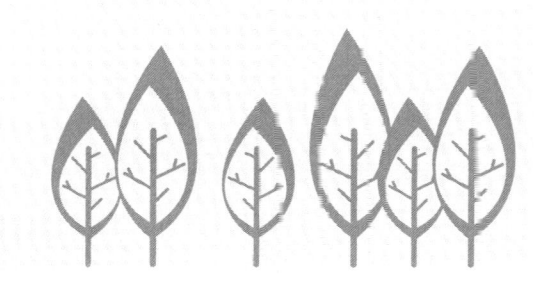

白帝社

本テキストの音声について

■このテキストは、CD付で販売をしておりましたが、スマートフォンで音声を再生する利用者が増えたことから、この度、音声をダウンロードする方法に切り替えさせていただきました。パソコンやCDプレーヤで再生したい方にはCDをお送りしますので、下記までご連絡をお願いいたします。

　　　　白帝社営業部　　Tel：03-3986-3271　　E-Mail：info@hakuteisha.co.jp

■本文中のCDマークの箇所が音声ファイル（MP3）提供箇所です。
　ファイルはZIP形式で圧縮された形でダウンロードされます。

吹込み：王京蒂、凌慶成
　　　https://www.hakuteisha.co.jp/news/n49988.html

※各機器と再生ソフトに関する技術的なご質問は、各メーカーにお願いいたします。
※本テキストと音声は著作権法で保護されています。

まえがき

　白帝社から中国を知るための中級テキストを出していただくのは，これが3冊目です。

　1冊目は1990年発行の『中国を知ろう』で，2冊目は2000年発行の『中国を知るための中国語中級テキスト』です。『中国を知ろう』は筆者が中国語の教員になって間もない頃に出していただいたもので，中国に関する様々な知識を盛り込み，難易度もかなり高いものでした。その後，いくつかの要因により大学などの1年間の学習でその内容すべてを消化しきれなくなり，分量を減らしやや容易にしたものが『中国を知るための中国語中級テキスト』です。

　上記の2冊は「学習者は辞書を購入し，事前に辞書を引いて予習をするもの」という前提のもとで作成しました。その後，中国語学習を取り巻く環境は大きく変化し，「紙の辞典」を持たない学習者が増えてきました。筆者は「紙の辞典」の愛用者です。目指す単語にたどり着くまでに視線をよぎった単語で道草を食うこともあります。また，目指す単語の意味だけではなく，その単語に関する説明や用例を読むことによって，授業では取り上げられなかった事柄も学ぶことができます。

　この度，白帝社より新たに『新版 中国を知るための中国語中級テキスト―「読む辞典」付き』を出していただきました。**「読む辞典」**は巻末に付いていますが，そこには本書に登場する重要語のほとんどを収録しました。辞書を引くのは面倒かもしれませんが，学習者は是非**「読む辞典」**を活用して，知識を定着・発展させてください。

　本書は全16課ですが，以前の『中国を知るための中国語中級テキスト』と同じように，中国に関する8つのテーマを選び，1つのテーマについて**「会話」**と**「閲読」**の計2課で異なる文体の中国語を学べるように作成しました。

　「会話」の登場人物は，中国人男性・張偉（ちょうい）さんと日本人女性・高橋美穂（たかはしみほ）さんです。会話の場面は日本です。中国に関する知識を深めながら，2人の会話を楽しんでください。**「閲読」**では中国に関する知識をさらに深めながら，文章体の中国語を学んでください。

　各課本文の後ろに**「中国知識と語句注釈」「文法と用例」**を載せました。**「中国知識と語句注釈」**では主として中国に関する固有名詞を説明しましたが，やや難解な語句も取り上げました。**「文法と用例」**は中級レベルのものを取り上げましたが，そこに使われた単語は**「読む辞典」**に収

i

録しました。

　1つのテーマに関して**「会話」「閲読」**2課の学習を終えたあと，**「重要単語」**を確認し，**「練習」**に取り組んでください。**「練習1」**では中国に関する知識を中国語で確認してください。**「練習2」**では中国語を日本語に訳す練習をしてください。分からない単語があれば**「読む辞典」**を引いてください。

　「ピンインなしで読んでみよう」には中国語の原文を挙げました。各課の学習がすんだら，漢字を見て読めるように発音練習してください。

　第16課では**「閲読」**として，魯迅『藤野先生』の一部を取り上げました。**「中国知識と語句注釈」「読む辞典」**を活用すれば，理解できるはずです。しっかり学習したあと，**「ピンインなしで読んでみよう」**で朗読の練習をしてください。魯迅の小説を原文で読む喜びを実感してください。

　「中国地図」も随時ご覧ください。

　付属のＣＤは2種類の速度で収録しました。本文の**「会話」「閲読」**は「ややゆっくり読み」で収録しましたが，**「ピンインなしで読んでみよう」**の部分は「普通読み」で収録しました。「ややゆっくり読み」で発音練習をしたあと，「普通読み」で聞き取りの練習をしてみてください。あるいは，逆に「普通読み」を何度も聞いたあと「ややゆっくり読み」を聞いてみると，聴解力が伸びていることに気付くかもしれません。また，ＣＤを一時停止させながら書き取りの練習などもしてください。

　なお，本書で用いたピンインで"一 yī""不 bù"が変調する場合は，変調後の声調で表記しました。

　本書の編集にあたっては，白帝社の岸本詩子さんのお世話になりました。また，いつもながら筆者の拙い原稿を本として出版してくださる白帝社の皆様に心より感謝いたします。

2013年秋
小川郁夫・張　科蕾

目　次

第一课　　中国概况　（会话）…… 1
1．"［是］…的"
2．離合動詞
3．程度を表す補語（1）
4．状態補語
5．"得 děi" の用法
6．疑問詞の連用

第二课　　中国概况　（阅读）…… 4
1．受身
2．「…したことがある」「…したことがない」

第三课　　北京　（会话）………… 9
1．結果補語 "…到"
2．助詞 "地 de"
3．「ちょっと…だ」
4．方向補語
5．複合方向補語 "起来"

第四课　　北京　（阅读）………… 13
1．存在を表す文
2．介詞 "除了"
3．使役

第五课　　西安　（会话）…………18
1．形容詞の "ＡＡＢＢ" 型フレーズ
2．介詞 "比"
3．"因为…，所以～"
4．「もしも…ならば」

第六课　　西安　（阅读）…………22
1．"从…起"
2．"不但…，而且～"

第七课　　少数民族　（会话）……27
1．複合方向補語 "出来"
2．可能補語
3．"越…越～"

第八课　　少数民族　（阅读）……30
1．"虽然…，但是～"
2．"一…就～"

第九课　　中国菜　（会话）………34
1．"在" の用法
2．"吃不…"「食べられない」
3．"又…又～"
4．程度を表す補語（2）
5．「…さえも，…すら」

第十课　　中国菜　（阅读）………38
1．"会" の用法
2．程度を表す補語（3）

第十一课　旅游胜地　（会话）……42
1．結果補語 "…着 zháo"
2．可能補語 "…不着 buzháo"
3．介詞 "把"
4．"好像…似的"

第十二课　旅游胜地　（阅读）……46
1．"如" の用法
2．名詞の重ね型

第十三课　传统节日　（会话）……51
1．"怎么" の用法
2．「何と…！」「どれくらい…？」
3．"只有…才〜"

第十四课　传统节日　（阅读）……54
1．形容詞の重ね型
2．形容詞の "ＡＢＡＢ" 型フレーズ
3．"一边…，一边〜"
4．"先…然后［再］〜"

第十五课　中国文学　（会话）……60
1．"倒 dào" の用法
2．"一直" の用法
3．"给" の用法

第十六课　中国文学　（阅读）……64
1．"认为" と "以为"
2．"動詞＋给"
3．受身 "为…所〜"

ピンインなしで読んでみよう……71

読む辞典（小辞典兼索引）……89

中国地図……124

◇イラスト

万里の長城	……10	五星紅旗，毛沢東	……15
秦始皇帝兵馬俑	……19	大雁塔	……24
ウイグル族	……31	西湖（杭州）	……45
漓江（桂林）	……48	春聯など	……57
『論語』冒頭	……63	藤野先生，魯迅	……67

新版
中国を知るための中国語中級テキスト
——「読む辞典」付き

第一课　　中国　概况
Dì-yī kè　　Zhōngguó Gàikuàng

会话 Huìhuà

张伟：高桥　美穗，你　好！欢迎，欢迎！
　　　Gāoqiáo Měisuì, nǐ hǎo! Huānyíng, huānyíng!

高桥：张　伟，好久　不　见　了！我　来　看看　你。
　　　Zhāng Wěi, hǎojiǔ bú jiàn le! Wǒ lái kànkan nǐ.

张伟：高桥，听说　你　打算　明年　去　中国　留学，是　吗？
　　　Gāoqiáo, tīngshuō nǐ dǎsuàn míngnián qù Zhōngguó liúxué, shì ma?

高桥：是　的。你　是　怎么　知道　的？
　　　Shì de. Nǐ shì zěnme zhīdào de?

张伟：我　是　听　你　的　老师　说　的。
　　　Wǒ shì tīng nǐ de lǎoshī shuō de.

高桥：是　吗？不过　我　对　中国　还　不　太　了解。请　你
　　　Shì ma? Búguò wǒ duì Zhōngguó hái bú tài liǎojiě, qǐng nǐ

　　　多多　指教。
　　　duōduō zhǐjiào.

张伟：哪里，哪里，我们　互相　学习　吧。
　　　Nǎlǐ, nǎlǐ, wǒmen hùxiāng xuéxí ba.

高桥：去年　暑假　我　跟　爸爸　一块儿　去　北京　和　西安　玩儿了
　　　Qùnián shǔjià wǒ gēn bàba yíkuàir qù Běijīng hé Xī'ān wánrle

　　　一　个　星期，开心　极　了。
　　　yí ge xīngqī, kāixīn jí le.

张伟：关于　北京，你　都　知道　什么？
　　　Guānyú Běijīng, nǐ dōu zhīdào shénme?

高桥：北京　是　中国　的　首都，也　是　中国　政治、经济、
　　　Běijīng shì Zhōngguó de shǒudū, yě shì Zhōngguó zhèngzhì, jīngjì,

　　　文化　的　中心。
　　　wénhuà de zhōngxīn.

张伟：那么 你 知道 中国 一共 有 多少 个 省 吗？
　　　Nàme nǐ zhīdào Zhōngguó yígòng yǒu duōshao ge shěng ma?

高桥：二十三 个。 中国 还 有 四 个 直辖市 和 五 个 自治区。
　　　Èrshísān ge. Zhōngguó hái yǒu sì ge zhíxiáshì hé wǔ ge zìzhìqū.

张伟：你 知道 得 不 少 啊！
　　　Nǐ zhīdào de bù shǎo a!

高桥：过奖，过奖，以后 我 还 得 多 向 你 请教。
　　　Guòjiǎng, guòjiǎng, yǐhòu wǒ hái děi duō xiàng nǐ qǐngjiào.

张伟：彼此，彼此，你 什么 时候 有 空 就 什么 时候 来 找
　　　Bǐcǐ, bǐcǐ, nǐ shénme shíhou yǒu kòng jiù shénme shíhou lái zhǎo

　　　我 吧。
　　　wǒ ba.

高桥：谢谢 张 伟。我 得 走 了。再见！
　　　Xièxie Zhāng Wěi. Wǒ děi zǒu le. Zàijiàn!

中国知識と語句注釈

北京　北京(ペキン)。中国の首都。中国の政治・経済・文化の中心。元代に都が置かれ，当時は大都と呼ばれた。

西安　西安(せいあん)。陝西(せんせい)省の省都。古称は長安。前漢や隋・唐代の都。

省　省(しょう)。最高レベルの行政単位。

直轄市　直轄市(ちょっかつし)。中央政府が直接に管轄する市。

自治区　自治区(じちく)。少数民族が居住する地域の行政単位で，省と同格。

文法と用例

1. "[是]…的"

你[是]什么时候来的？　Nǐ [shì] shénme shíhou lái de?

你[是]在哪儿学的？　Nǐ [shì] zài nǎr xué de?

你[是]怎么知道的？　Nǐ [shì] zěnme zhīdào de?

発展　目的語を伴う場合

你［是］什么时候来的日本？　Nǐ [shì] shénme shíhou lái de Rìběn?
你［是］在哪儿学的中文？　Nǐ [shì] zài nǎr xué de Zhōngwén?

2. 離合動詞

我是听别人说的。	Wǒ shì tīng biérén shuō de.	← 听说	tīngshuō
我帮你忙。	Wǒ bāng nǐ máng.	← 帮忙	bāngmáng
我去散散步。	Wǒ qù sànsan bù.	← 散步	sànbù
我们见过面。	Wǒmen jiànguo miàn.	← 见面	jiànmiàn

3. 程度を表す補語（1）

风景美极了。　Fēngjǐng měijí le.
我饿死了。　Wǒ èsǐ le.
我累坏了。　Wǒ lèihuài le.
他的病好多了。　Tā de bìng hǎoduō le.

4. 状態補語

我走得很慢。　Wǒ zǒu de hěn màn.
他跑得很快。　Tā pǎo de hěn kuài.
她说得不好。　Tā shuō de bù hǎo.

5. "得 děi" の用法

我得回去了。　Wǒ děi huíqù le.
从这儿到那儿得多长时间？　Cóng zhèr dào nàr děi duō cháng shíjiān?

6. 疑問詞の連用

你想吃什么就吃什么吧。　Nǐ xiǎng chī shénme jiù chī shénme ba.
你想怎么办就怎么办吧。　Nǐ xiǎng zěnme bàn jiù zěnme bàn ba.
你要几个就拿几个吧。　Nǐ yào jǐ ge jiù ná jǐ ge ba.

中国概況

第二课　　中国　概况
Dì- èr kè　　Zhōngguó Gàikuàng

阅读
Yuèdú

中华　人民　共和国　位于　亚洲　东部，太平　洋　西岸。面积
Zhōnghuá Rénmín Gònghéguó wèiyú Yàzhōu dōngbù Tàipíng Yáng xīàn miànjī

大约　有　九百　六十　万　平方　公里，是　日本　的　二十六　倍。
dàyuē yǒu jiǔbǎi liùshí wàn píngfāng gōnglǐ shì Rìběn de èrshíliù bèi

中国　和　日本　是　一衣带水　的　邻邦。
Zhōngguó hé　　　　　　yìyīdàishuǐ　de línbāng

中国　全国　共　有　北京、上海、天津、重庆　四　个　直辖市，
　　　quánguó gòng　　Běijīng Shànghǎi Tiānjīn Chóngqìng sì ge zhíxiáshì

河北、辽宁、福建、湖南　等　二十三　个　省，内蒙古、宁夏、
Héběi Liáoníng Fújiàn Húnán děng èrshísān ge shěng Nèiměnggǔ Níngxià

新疆、广西、西藏　五　个　自治区。
Xīnjiāng Guǎngxī Xīzàng wǔ ge zìzhìqū

中国　的　名山　大川　极　多。有　被　称为　"世界　屋脊"的
　　　　de míngshān dàchuān jí duō bèi chēngwéi shìjiè wūjǐ

喜马拉雅　山，著名　的　五岳，还　有　风景　秀丽　的　黄　山、
Xǐmǎlāyǎ Shān zhùmíng de Wǔyuè hái yǒu fēngjǐng xiùlì de Huáng

庐　山　等。五岳　是　中国　历史　上　有名　的　五　大　名山，其中
Lú　　　　　　　　　　　　　lìshǐ shàng yǒumíng de　　dà qízhōng

泰　山　最　有名。据说　秦　始皇、汉　武帝　等　历代　王朝　的　很
Tài zuì　　　　jùshuō Qín Shǐhuáng Hàn Wǔdì děng lìdài wángcháo hěn

多　皇帝　都　爬过　泰　山。它　位于　山东　省。黄山、庐山　分别
huángdì dōu páguo　　　　tā　　　Shāndōng　　　　　　　　fēnbié

在　安徽　省　和　江西　省。中国　的　第一　大河　是　长　江，
zài Ānhuī　　　Jiāngxī　　　　　　　　　dàhé　Cháng Jiāng

其次　是　黄河。它们　都　发源　于　中国　西部　的　青海　省。
qícì　　Huáng Hé tāmen　　fāyuán yú　　　xībù　　Qīnghǎi

此外，还有 黑龙江、松花江、淮河、珠江、雅鲁藏布江 等。
cǐwài　　　　Hēilóng　Sōnghuā　Huái　Zhū　Yǎlǔzàngbù

中国知識と語句注釈

中华人民共和国　中華人民共和国(ちゅうかじんみんきょうわこく)。中国の正式国名。1949年10月1日に成立。
亚洲　アジア。
太平洋　太平洋(たいへいよう)。
一衣带水　一衣帯水(いちいたいすい)。1本の帯のような細い川や海。その川や海などで隔てられていることを表す。至近距離にあることの例え。"衣帯"は衣服の帯。
邻邦　隣国。
共　全部で。合計で。
北京　北京(ペキン)。⇒2頁。
上海　上海(シャンハイ)。中国最大の都市。直轄市の1つ。
天津　天津(てんしん)。直轄市の1つ。
重庆　重慶(じゅうけい)。直轄市の1つ。
直辖市　直轄市(ちょっかつし)。⇒2頁。
河北　河北(かほく)省。省都は石家荘。
辽宁　遼寧(りょうねい)省。省都は瀋陽。
福建　福建(ふっけん)省。省都は福州。
湖南　湖南(こなん)省。省都は長沙。
省　省(しょう)。⇒2頁。
内蒙古　内(うち)モンゴル自治区。区都はフフホト。
宁夏　寧夏回族(ねいかかいぞく)自治区。区都は銀川。
新疆　新疆(しんきょう)ウイグル自治区。区都はウルムチ。
广西　広西(こうせい)チワン族自治区。区都は南寧。
西藏　チベット自治区。区都はラサ。
自治区　自治区(じちく)。⇒2頁。
名山大川　名高い山や大河。
称为　称して…となす。…と称する。
世界屋脊　世界の屋根。
喜马拉雅山　ヒマラヤ山脈。世界最大の山脈で，最高峰はチョモランマ。
五岳　五岳(ごがく)。中国で古来尊ばれてきた5つの霊山。泰山・華山・衡山・恒山・嵩山(すうざん)の5つ。
黄山　黄山(こうざん)。安徽省にある景勝の山。
庐山　廬山(ろざん)。江西省にある景勝の山。
泰山　泰山(たいざん)。山東省にある霊山。五岳の筆頭で，東岳とも呼ばれる。古来多くの皇帝が即位後，この山に登り封禅の祭という国家的な儀式を行った。
秦始皇　秦(しん)の始皇帝(しこうてい)。前259年〜前210年。中国初の統一国家を築き，最初の皇帝となった。
汉武帝　漢(かん)の武帝(ぶてい)。前159年〜前87年。前漢の第7代皇帝。
山东省　山東(さんとう)省。省都は済南。
安徽省　安徽(あんき)省。省都は合肥。

江西省　江西(こうせい)省。省都は南昌。
长江　長江(ちょうこう)。中国最大の河川。青海省に源を発し，東海に注ぐ。揚子江と呼ばれることもある。
黄河　黄河(こうが)。中国第2の河川。青海省に源を発し，渤海に注ぐ。流域は中国古代文明の発祥地。
发源于　…に源を発する。
青海省　青海(せいかい)省。省都は西寧。
黑龙江　黒竜江(こくりゅうこう)。黒竜江省を流れる河川。
松花江　松花江(しょうかこう)。中国東北部を流れる河川。
淮河　淮河(わいが)。中国中部を流れる河川。
珠江　珠江(しゅこう)。中国南部を流れる河川。
雅鲁藏布江　ヤルツァンポ江。チベット自治区南部を流れる河川。

文法と用例

1. 受身

他被老师批评了。	Tā bèi lǎoshī pīpíng le.
他被批评了。	Tā bèi pīpíng le.
电脑让弟弟弄坏了。	Diànnǎo ràng dìdi nònghuài le.
钥匙叫妹妹弄丢了。	Yàoshi jiào mèimei nòngdiū le.

2. 「…したことがある」「…したことがない」

我吃过羊肉。	Wǒ chīguo yángròu.
我没［有］吃过羊肉。	Wǒ méi[yǒu] chīguo yángròu.
我喝过啤酒。	Wǒ hēguo píjiǔ.
我没［有］喝过啤酒。	Wǒ méi[yǒu] hēguo píjiǔ.

発展　「…した」「…しなかった」「…している」「…していない」

他昨天来了。	Tā zuótiān lái le.
他昨天没［有］来。	Tā zuótiān méi[yǒu] lái.
她已经结婚了。	Tā yǐjīng jiéhūn le.
她还没［有］结婚。	Tā hái méi[yǒu] jiéhūn.

第一課と第二課の重要単語

（　　）内に単語を書きなさい。

名詞

（　　　　） lǎoshī　　　　　先生。

（　　　　） shǔjià　　　　　夏休み。

（　　　　） xīngqī　　　　　週。

（　　　　） kòng　　　　　　暇。

動詞

（　　　　） tīngshuō　　　　…と聞いている。

（　　　　） dǎsuàn/dǎsuan　…するつもりだ。

（　　　　） qù　　　　　　　行く。

（　　　　） zhīdào/zhīdao　 知る。知っている。

（　　　　） wánr　　　　　　遊ぶ。

（　　　　） zhǎo　　　　　　訪ねる。

（　　　　） zǒu　　　　　　 歩く。行く。出かける。

形容詞

（　　　　） kāixīn　　　　　愉快だ。楽しい。

その他

（　　　　） hái　　　　　　 副 ①依然として。②さらに。

（　　　　） hùxiāng　　　　 副 互いに。

（　　　　） yíkuàir　　　　 副 一緒に。

（　　　　） gēn　　　　　　 介 …と。

（　　　　） hé　　　　　　　接 …と〜。

（　　　　） dōu　　　　　　 副 すべて。みな。

（　　　　） yě　　　　　　　副 …も。…もまた。

（　　　　） nàme　　　　　　接 それでは。

（　　　　） gōnglǐ　　　　　量 キロメートル。

（　　　　） hěn　　　　　　 副 とても。

（　　　　） tā　　　　　　　代 それ。

第一課と第二課の練習

練習1 （　）内に適当な語句を入れなさい。

① （　　　　）是中国的首都。

② 中国有（　　　）个直辖市。

③ 中国和日本是一（　　　　）水的邻邦。

④ （　　　　）是中国历史上有名的五大名山。

⑤ 中国的第一大河是（　　　　）。

練習2 日本語に訳しなさい。

① 他和他爱人是哪一年结的婚？
Tā hé tā àiren shì nǎ yì nián jié de hūn?

② 咱们一块儿去公园散散步吧。
Zánmen yíkuàir qù gōngyuán sànsan bù ba.

③ 爸爸做的菜味道好极了。
Bàba zuò de cài wèidào hǎojí le.

④ 儿子要多少钱，妈妈就给多少钱。
Érzi yào duōshao qián, māma jiù gěi duōshao qián.

⑤ 我刚画的画被女儿弄脏了。
Wǒ gāng huà de huà bèi nǚ'ér nòngzāng le.

第三课 北京
Dì-sān kè Běijīng

会话 Huìhuà

张伟：高桥，你和你爸爸去北京的时候都参观了什么
　　　Gāoqiáo, nǐ hé nǐ bàba qù Běijīng de shíhou dōu cānguānle shénme

　　　地方？
　　　dìfang?

高桥：天安门广场、故宫博物院、颐和园、万里长城、
　　　Tiān'ānmén Guǎngchǎng、Gùgōng Bówùyuàn、Yíhéyuán、Wànlǐ Chángchéng、

　　　十三陵等等。
　　　Shísānlíng děngděng.

张伟：看到天安门广场，你觉得怎么样？
　　　Kàndào Tiān'ānmén Guǎngchǎng, nǐ juéde zěnmeyàng?

高桥：去中国前，我只在照片和电视上看过
　　　Qù Zhōngguó qián, wǒ zhǐ zài zhàopiàn hé diànshì shàng kànguo

　　　天安门广场。真没想到那么雄伟壮观。
　　　Tiān'ānmén Guǎngchǎng. Zhēn méi xiǎngdào nàme xióngwěi zhuàngguān.

张伟：故宫也叫紫禁城，是明、清两代皇帝的
　　　Gùgōng yě jiào Zǐjìnchéng, shì Míng、Qīng liǎng dài huángdì de

　　　宫殿。你对故宫的印象怎么样？
　　　gōngdiàn. Nǐ duì Gùgōng de yìnxiàng zěnmeyàng?

高桥：故宫非常壮丽，规模很大。可是那时候由于
　　　Gùgōng fēicháng zhuànglì, guīmó hěn dà. Kěshì nà shíhou yóuyú

　　　时间的关系，我们只能走马观花地看了看。
　　　shíjiān de guānxì, wǒmen zhǐ néng zǒumǎ guānhuā de kànle kàn.

张伟：长城是地球上规模最大的建筑物，听说
　　　Chángchéng shì dìqiú shàng guīmó zuì dà de jiànzhùwù, tīngshuō

　　　全长有一万二千多里。
　　　quáncháng yǒu yíwàn èrqiān duō lǐ.

高桥：真　够　长　的！怪不得　叫　万里　长城。
　　　Zhēn gòu cháng de! Guàibude jiào Wànlǐ Chángchéng.

张伟：第一　次　看到　长城，你　有　什么　感受　呢？
　　　Dì-yī cì kàndào Chángchéng, nǐ yǒu shénme gǎnshòu ne?

高桥：怎么　说　好　呢？亲眼　看到了　那　雄伟　的　长城，我
　　　Zěnme shuō hǎo ne? Qīnyǎn kàndàole nà xióngwěi de Chángchéng, wǒ

　　　非常　感动。
　　　fēicháng gǎndòng.

张伟：爬　长城　时，你　累　不　累？
　　　Pá Chángchéng shí, nǐ lèi bú lèi?

高桥：累　是　有点儿　累，可　自己　终于　爬上了　长城，我
　　　Lèi shì yǒudiǎnr lèi, kě zìjǐ zhōngyú páshàngle Chángchéng, wǒ

　　　高兴　得　跳　起来　了。
　　　gāoxìng de tiào qǐlái le.

张伟：你　爸爸　以前　爬过　长城　吗？
　　　Nǐ bàba yǐqián páguo Chángchéng ma?

高桥：他　爬过　好几　次。你　看，这　是　我　在　长城　给　他
　　　Tā páguo hǎojǐ cì. Nǐ kàn, zhè shì wǒ zài Chángchéng gěi tā

　　　拍　的　照片。
　　　pāi de zhàopiàn.

张伟：哟，看　起来，你　爸爸　挺　精神　的。
　　　Yō, kàn qǐlái, nǐ bàba tǐng jīngshen de.

高桥：照相　时，他　还　说"不　到　长城　非　好汉"呢。
　　　Zhàoxiàng shí, tā hái shuō "bú dào Chángchéng fēi hǎohàn" ne.

中国知識と語句注釈

北京　北京(ペキン)。⇒2頁。

天安门广场　天安門広場(てんあんもんひろば)。北京市の中心にある大広場。天安門は故宮の正面にある門。

故宫博物院　故宮博物院(こきゅうはくぶついん)。北京にある大博物館。故宮は明・清代の皇居で，紫禁城とも呼ばれる。

颐和园　頤和園(いわえん)。北京にある大庭園。清代末期の西太后が大改修工事を行った。

万里长城　万里(ばんり)の長城(ちょうじょう)。秦の始皇帝以降，歴代の皇帝が北方異民族の侵入を防ぐために築いた城壁。単に"长城"とも言う。

十三陵　十三陵(じゅうさんりょう)。明代の13人の皇帝の陵墓。北京郊外にある。

紫禁城　紫禁城(しきんじょう)。故宮の別称。

明　明(みん)。中国の王朝名。1368年～1644年。

清　清(しん)。中国の王朝名。1616年～1912年。1644年に中国本土を統一した。

走马观花　馬を走らせて花を観る。短時間で大ざっぱに表面だけを見ること。

一万二千多里　1万2千里余り。"里"は昔の長さの単位。

不到长城非好汉　長城に到(いた)らずんば好漢にあらず。高い目標を達成しなければ立派な男ではない。

文法と用例

1. 結果補語"…到"

看到了	kàndào le	没［有］看到	méi[yǒu] kàndào
想到了	xiǎngdào le	没［有］想到	méi[yǒu] xiǎngdào
找到了	zhǎodào le	没［有］找到	méi[yǒu] zhǎodào
买到了	mǎidào le	没［有］买到	méi[yǒu] mǎidào

2. 助詞"地 de"

走马观花地看	zǒumǎ guānhuā de kàn
简单地介绍	jiǎndān de jièshào
好好儿［地］学习	hǎohāor [de] xuéxí
慢慢儿［地］走路	mànmānr [de] zǒulù

3. 「ちょっと…だ」

病好一点儿了。　　Bìng hǎo yìdiǎnr le.

我最近有点儿忙。　Wǒ zuìjìn yǒudiǎnr máng.

4. 方向補語

	…来 lái	…去 qù
…上 shàng	…上来	…上去
…下 xià	…下来	…下去
…进 jìn	…进来	…进去
…出 chū	…出来	…出去
…回 huí	…回来	…回去
…过 guò	…过来	…过去
…起 qǐ	…起来	

5. 複合方向補語"起来"

我站起来了。　　　　Wǒ zhàn qǐlái le.

我想起来了。　　　　Wǒ xiǎng qǐlái le.

他笑起来了。　　　　Tā xiào qǐlái le.

看起来，她很年轻。　Kàn qǐlái, tā hěn niánqīng.

発展　　複合方向補語と目的語の位置

说起话来　　shuōqǐ huà lái

下起雨来　　xiàqǐ yǔ lái

第四课 北京
Dì- sì kè Běijīng

阅读
Yuèdú

北京 是 中国 历史(lìshǐ) 最(zuì) 悠久(yōujiǔ) 的 古都(gǔdū) 之一(zhīyī)。北京 市区(shìqū) 以(yǐ) 雄伟(xióngwěi) 壮观(zhuàngguān) 的 天安门(Tiān'ānmén) 广场(Guǎngchǎng) 为(wéi) 中心(zhōngxīn)。广场 中央(zhōngyāng) 耸立着(sǒnglìzhe) 人民(Rénmín) 英雄(Yīngxióng) 纪念碑(Jìniànbēi),南边(nánbian) 有 毛主席(Máozhǔxí) 纪念堂(Jìniàntáng),西边(xībian) 是 人民 大会堂(Dàhuìtáng),东边(dōngbian) 是 中国 国家(Guójiā) 博物馆(Bówùguǎn)。广场 北边(běibian) 就(jiù) 是 天安门。

一 九(jiǔ) 四 九 年(nián) 十月(shíyuè) 一 日(rì) 毛泽东(Máo Zédōng) 主席(zhǔxí) 在(zài) 天安门 城楼(chénglóu) 上(shàng) 宣布了(xuānbùle) 中华(Zhōnghuá) 人民(Rénmín) 共和国(Gònghéguó) 成立(chénglì)。那(nà) 时(shí) 毛 主席 亲手(qīnshǒu) 升起了(shēngqǐle) 第一 面(miàn) 中国 国旗(guóqí)——五星(Wǔxīng) 红旗(Hóngqí)。每(měi) 年 十月 一 日 中国 人民 都(dōu) 隆重(lóngzhòng) 地(de) 庆祝(qìngzhù) 国庆节(Guóqìngjié)。

北京 的 名胜(míngshèng) 古迹(gǔjì) 甚(shèn) 多(duō)。除了(chúle) 世界(shìjiè) 闻名(wénmíng) 的 万里(Wànlǐ) 长城(Chángchéng) 以外(yǐwài),还(hái) 有 故宫(Gùgōng)、颐和园(Yíhéyuán)、天坛(Tiāntán) 公园(Gōngyuán)、香(Xiāng) 山(Shān) 等(děng)。去(qù) 北京 旅游(lǚyóu) 最好(zuìhǎo) 是 秋天(qiūtiān)。香 山 的 红叶(hóngyè) 很(hěn) 美丽(měilì)。这个(zhège) 季节(jìjié) 秋高(qiūgāo) 气爽(qìshuǎng),叫(jiào) 人(rén) 舒服(shūfu)。

另外， 北京 大学、 清华 大学 等 重点 大学 与 其他 许多
lìngwài　　Běijīng　Dàxué　Qīnghuá　　　　　zhòngdiǎn　　　　yǔ　qítā　xǔduō

研究 机构 也 在 北京。
yánjiū　jīgòu　yě

中国知識と語句注釈

北京　北京(ペキン)。⇒ 2 頁。

天安门广场　天安門広場(てんあんもんひろば)。⇒ 11 頁。

人民英雄纪念碑　人民英雄記念碑(じんみんえいゆうきねんひ)。天安門広場中央にある記念碑。革命犠牲者を追悼するために建てられた。

毛主席纪念堂　毛主席記念堂(もうしゅせききねんどう)。毛沢東の遺体を安置した記念館。

人民大会堂　人民大会堂(じんみんだいかいどう)。全国人民代表大会が開かれる建物。

中国国家博物馆　中国国家博物館(ちゅうごくこっかはくぶつかん)。天安門広場東側にある総合博物館。2003 年にそれまでの歴史博物館と革命博物館を基礎に建設。その後，改築・拡張を経て 2011 年に世界最大級の博物館として再開館した。

天安门　天安門(てんあんもん)。故宮の正面にある門。新中国の象徴となっている。

毛泽东　毛沢東(もうたくとう)。1893 年～1976 年。中国革命の最高指導者。1949 年 10 月 1 日に中華人民共和国を樹立し，死去するまで中国共産党主席を務めた。

城楼　城楼。城門の上の物見やぐら。

中华人民共和国　中華人民共和国(ちゅうかじんみんきょうわこく)。⇒ 5 頁。

五星红旗　五星紅旗(ごせいこうき)。中国の国旗。赤地の左上部に 1 個の大きい星と 4 個の小さい星を配するデザイン。

国庆节　国慶節(こっけいせつ)。中国の建国記念日。10 月 1 日。

甚　はなはだ。非常に。

万里长城　万里(ばんり)の長城(ちょうじょう)。⇒ 11 頁。

故宫　故宮(こきゅう)。明・清代の皇居で，紫禁城とも呼ばれる。現在は博物院として開放されている。

颐和园　頤和園(いわえん)。⇒ 11 頁。

天坛公园　天壇(てんだん)公園。天壇は，明代に皇帝が五穀豊穣を祈るために建てられた建物。現在は公園として開放されている。

香山　香山(こうざん)。北京の西北郊外にある山。紅葉で有名。

秋高气爽　秋空が高く空気がすがすがしい。秋晴れの様子。

北京大学　北京(ペキン)大学。中国で歴史の最も長い大学。

清华大学　清華(せいか)大学。北京にある有名大学。

文法と用例

1. 存在を表す文

广场中央耸立着人民英雄纪念碑。

Guǎngchǎng zhōngyāng sǒnglìzhe Rénmín Yīngxióng Jìniànbēi.

客厅里坐着很多人。　Kètīng lǐ zuòzhe hěn duō rén.

桌子上放着很多书。　Zhuōzi shàng fàngzhe hěn duō shū.

墙上挂着一张画。　Qiáng shàng guàzhe yì zhāng huà.

発展　持続と進行

他戴着帽子。　Tā dàizhe màozi.

她在吃饭呢。　Tā zài chīfàn ne.

2. 介詞 "除了"

除了我 [以外]，大家都去。　Chúle wǒ [yǐwài], dàjiā dōu qù.

除了北京 [以外]，我还去过上海。

Chúle Běijīng [yǐwài], wǒ hái qùguo Shànghǎi.

3. 使役

爸爸让我打扫房间。　　Bàba ràng wǒ dǎsǎo fángjiān.

妈妈叫我洗衣服。　　　Māma jiào wǒ xǐ yīfu.

孩子的话使父母失望了。　Háizi de huà shǐ fùmǔ shīwàng le.

北京　15

第三課と第四課の重要単語

（　　　）内に単語を書きなさい。

名詞

（　　　　　） shíhou　　　　時。時間。
（　　　　　） dìfang　　　　所。場所。
（　　　　　） zhàopiàn　　　写真。
（　　　　　） diànshì　　　　テレビ。

動詞

（　　　　　） juéde　　　　感じる。（感じて）…と思う。
（　　　　　） xiǎng　　　　①思う。考える。②…したいと思う。
（　　　　　） jiào　　　　①…という名前だ。②（誰々）に…させる。
（　　　　　） shuō　　　　話す。言う。
（　　　　　） pá　　　　登る。
（　　　　　） zhàoxiàng　　写真を撮る。
（　　　　　） lǚyóu　　　　旅行する。観光する。

形容詞

（　　　　　） lèi　　　　疲れている。
（　　　　　） gāoxìng　　　嬉しい。楽しい。
（　　　　　） měilì　　　　美しい。
（　　　　　） shūfu　　　　心地よい。

その他

（　　　　　） zhǐ　　　　副 ただ…だけ。
（　　　　　） kěshì　　　接 しかし。
（　　　　　） néng　　　助動 …することができる。
（　　　　　） zěnme　　　疑 どのように。
（　　　　　） zìjǐ　　　　代 自分。
（　　　　　） zài　　　　介 （どこどこ）で。
（　　　　　） gěi　　　　介 （誰々）に。
（　　　　　） dōngbian　　方 東。東側。

第三課と第四課の練習

練習1　（　）内に適当な語句を入れなさい。
① （　　　　　）也叫紫禁城，是明、清两代皇帝的宫殿。
② 不到（　　　　）非好汉。
③ （　　　　　）门广场中央耸立着人民英雄纪念碑。
④ 中华人民共和国成立于一九（　　　　）年。
⑤ 中国的国旗叫（　　　　）红旗。

練習2　日本語に訳しなさい。
① 真没想到在这样的地方碰见你。
　　Zhēn méi xiǎngdào zài zhèyàng de dìfang pèngjiàn nǐ.

② 由于工作的关系，我哥哥经常去中国出差。
　　Yóuyú gōngzuò de guānxì, wǒ gēge jīngcháng qù Zhōngguó chūchāi.

③ 这件事看起来简单，做起来困难。
　　Zhè jiàn shì kàn qǐlái jiǎndān, zuò qǐlái kùnnan.

④ 回家的路上突然下起雨来了。
　　Huíjiā de lùshàng tūrán xiàqǐ yǔ lái le.

⑤ 火车站前边站着许多学生。
　　Huǒchēzhàn qiánbian zhànzhe xǔduō xuésheng.

第五课　西安
Dì- wǔ kè　Xī'ān

会话 Huìhuà

张伟：在 西安 旅游 时，你 印象 最 深 的 是 什么?
　　　Zài Xī'ān lǚyóu shí, nǐ yìnxiàng zuì shēn de shì shénme?

高桥：那 还 用 说! 当然 是 秦始皇 兵马俑 啊!
　　　Nà hái yòng shuō! Dāngrán shì Qínshǐhuáng Bīngmǎyǒng a!

张伟：秦始皇 兵马俑 的 发现 轰动了 全 世界，被 誉为
　　　Qínshǐhuáng Bīngmǎyǒng de fāxiàn hōngdòngle quán shìjiè, bèi yùwéi

　　　"世界 第八 大 奇迹"。
　　　"shìjiè dì-bā dà qíjì".

高桥：那儿 到底 有 多少 兵马俑?
　　　Nàr dàodǐ yǒu duōshao bīngmǎyǒng?

张伟：大概 有 六千 多 件。跟 真 人、真 马 一样 大小 的
　　　Dàgài yǒu liùqiān duō jiàn. Gēn zhēn rén、zhēn mǎ yíyàng dàxiǎo de

　　　陶 人、陶 马 排列 得 整整齐齐。
　　　táo rén、táo mǎ páiliè de zhěngzhěngqíqí.

高桥：到底 还 是 秦始皇，太 伟大 了!
　　　Dàodǐ hái shì Qínshǐhuáng, tài wěidà le!

张伟：大雁 塔 和 碑林 也 参观 了 吗?
　　　Dàyàn Tǎ hé Bēilín yě cānguān le ma?

高桥：都 参观 了。我们 还 去了 小雁 塔。那儿 参观 的 人
　　　Dōu cānguān le. Wǒmen hái qùle Xiǎoyàn Tǎ. Nàr cānguān de rén

　　　不 太 多，环境 比 大雁 塔 幽静 一点儿。
　　　bú tài duō, huánjìng bǐ Dàyàn Tǎ yōujìng yìdiǎnr.

张伟：据说 大雁 塔 是 为了 保存 玄奘 从 印度 取 回来 的
　　　Jùshuō Dàyàn Tǎ shì wèile bǎocún Xuánzàng cóng Yìndù qǔ huílái de

　　　经籍 而 修建 的。
　　　jīngjí ér xiūjiàn de.

高桥：玄奘 是《西游记》里 的 唐僧 吗?
　　　Xuánzàng shì 《Xīyóujì》 lǐ de Táng sēng ma?

张伟：是 的。 碑林 收藏着 从 汉 代 到 清 代 的 名家
　　　Shì de. Bēilín shōucángzhe cóng Hàn dài dào Qīng dài de míngjiā

　　　手笔 石碑， 可以 说 是 中国 古代 书法 艺术 的 宝库。
　　　shǒubǐ shíbēi, kěyǐ shuō shì Zhōngguó gǔdài shūfǎ yìshù de bǎokù.

高桥：因为 我 对 书法 感 兴趣， 所以 去 碑林 参观 真 让
　　　Yīnwèi wǒ duì shūfǎ gǎn xìngqù, suǒyǐ qù Bēilín cānguān zhēn ràng

　　　我 大饱 眼福 了。
　　　wǒ dàbǎo yǎnfú le.

张伟：你们 没 去 华清池 吗?
　　　Nǐmen méi qù Huáqīngchí ma?

高桥：很 遗憾， 没 去。 要是 有 机会， 我 想 冬天 去 华清池
　　　Hěn yíhàn, méi qù. Yàoshi yǒu jīhuì, wǒ xiǎng dōngtiān qù Huáqīngchí

　　　像 杨 贵妃 一样 洗 温泉！
　　　xiàng Yáng Guìfēi yíyàng xǐ wēnquán!

西安

中国知識と語句注釈

西安　西安(せいあん)。⇒2頁。

秦始皇兵马俑　秦始皇帝兵馬俑(しんしこうていへいばよう)。西安の秦始皇帝陵から出土した兵馬俑。"俑"は墓に副葬する土偶。1975年に発見された。

誉为　褒めて…となす。…と褒めたたえる。

世界第八大奇迹　世界8番目の大奇跡。エジプトのピラミッドなどいわゆる「世界の7不思議」に次ぐ8番目の不思議。

陶人、陶马　陶製の人と陶製のウマ。人馬をかたどった土偶。

秦始皇　秦(しん)の始皇帝(しこうてい)。⇒5頁。

大雁塔　大雁塔(だいがんとう)。西安にある仏教建築物。

碑林　碑林(ひりん)。西安にある博物館。有名な石碑を数多く収蔵する。

小雁塔　小雁塔(しょうがんとう)。西安にある仏教建築物。

玄奘　玄奘(げんじょう)。602年～664年。唐代の高僧。天竺に行き、帰国後は経典翻訳に従事した。日本では三蔵法師として知られる。

印度　インド。古称を天竺と言った。

经籍　経書。経典。

《西游记》　『西遊記(さいゆうき)』。明代の長編小説。呉承恩の作。三蔵法師が孫悟空・猪八戒・沙悟浄とともに天竺に行き、経典を得て帰るというストーリー。

唐　唐(とう)。中国の王朝名。618年～907年。律令制度が整備され、政治・文化が大きな発展を遂げた。

汉　漢(かん)。中国の王朝名。前206年～220年。長安に都が置かれた前漢と、洛陽に都が置かれた後漢に分かれる。前漢を西漢、後漢を東漢と呼ぶこともある。

清　清(しん)。⇒11頁。

名家手笔　著名人の自筆(の作品)。

大饱眼福　大いに目の保養をする。いいものを見て目を楽しませる。

华清池　華清池(かせいち)。西安にある温泉。唐代、楊貴妃が入浴したことで有名。

杨贵妃　楊貴妃(ようきひ)。719年～756年。中国の美女の代表。唐の玄宗皇帝に寵愛された。

文法と用例

1. 形容詞の"ＡＡＢＢ"型フレーズ

整整齐齐	zhěngzhěngqíqí	←	整齐	zhěngqí
高高兴兴	gāogāoxìngxìng	←	高兴	gāoxìng
漂漂亮亮	piàopiàoliàngliàng	←	漂亮	piàoliang
清清楚楚	qīngqīngchǔchǔ	←	清楚	qīngchu

2. 介詞"比"

这个比那个贵。　　　　　Zhège bǐ nàge guì.

这个比那个还贵。　　　　Zhège bǐ nàge hái guì.

今天比昨天凉快一点儿。　Jīntiān bǐ zuótiān liángkuai yìdiǎnr.

今天比昨天凉快多了。　　Jīntiān bǐ zuótiān liángkuai duō le.

発展　否定文

这个没有那个贵。　　　Zhège méiyǒu nàge guì.

今天没有昨天凉快。　　Jīntiān méiyǒu zuótiān liángkuai.

3. "因为…，所以～"

因为天气好，所以我们出去玩儿。

Yīnwèi tiānqì hǎo, suǒyǐ wǒmen chūqù wánr.

因为天气不好，所以他们不出来玩儿。

Yīnwèi tiānqì bù hǎo, suǒyǐ tāmen bù chūlái wánr.

4.「もしも…ならば」

要是有机会，请再来。　　Yàoshi yǒu jīhuì, qǐng zài lái.

如果下雨，我就不去。　　Rúguǒ xià yǔ, wǒ jiù bú qù.

第六课　西安

阅读

西安是陕西省的省会，古称长安，是中国七大古都之一。从公元前十一世纪起，先后有西周、秦、西汉、隋、唐等十多个王朝在此地建都。在唐代，长安是世界上最繁华的国际都市，也是"丝绸之路"的起点。

西安现在是代表中国的旅游城市。堪称"世界第八大奇迹"的秦始皇兵马俑不但吸引了中国各地的游客，而且也吸引了世界各地的游客。

此外，还有大雁塔、碑林、华清池等，都值得参观。华清池是陕西省有名的温泉之一。据说唐玄宗每年和他宠爱的杨贵妃一起来这里过冬。

西安以其古色古香的魅力成为中外旅客向往的地方。

中国知識と語句注釈

西安　西安(せいあん)。⇒2頁。
陝西省　陝西(せんせい)省。省都は西安。
省会　省都(しょうと)。省の行政府所在地。
古称　古くは…と称する。…という古称である。
长安　長安(ちょうあん)。西安の古称。前漢や隋・唐のほか，多くの王朝がここに都を置いた。
七大古都　七大古都(ななだいこと)。北京・西安・洛陽・開封・南京・杭州・安陽の7つ。
西周　西周(せいしゅう)。中国の王朝名。前11世紀？〜前771年。
秦　秦(しん)。中国の王朝名。始皇帝が築いた中国史上最初の中央集権国家。前221年〜前206年。
西汉　西漢(せいかん)。前漢(ぜんかん)。中国の王朝名。劉邦が項羽を倒して建国した。前206年〜25年。
隋　隋(ずい)。中国の王朝名。581年〜618年。
唐　唐(とう)。⇒20頁。
丝绸之路　シルクロード。絹の道。古代中央アジアの東西交通路。中国産の絹がこれを通じて西方に運ばれた。
堪称　…と称するに足る。…と言える。
秦始皇兵马俑　秦始皇帝兵馬俑(しんしこうていへいばよう)。⇒20頁。
大雁塔　大雁塔(だいがんとう)。⇒20頁。
碑林　碑林(ひりん)。⇒20頁。
华清池　華清池(かせいち)。⇒20頁。
唐玄宗　唐(とう)の玄宗(げ〜そう)。玄宗皇帝。685年〜762年。唐の第6代皇帝。晩年に楊貴妃を寵愛し，政治を怠ったため国内の反乱を招いた。
杨贵妃　楊貴妃(ようきひ)。⇒20頁。
古色古香　古色蒼然としている。古めかしく優雅だ。
中外　中国と外国。

文法と用例

1. "从…起"

从明天早上起，我一定六点起床。

Cóng míngtiān zǎoshang qǐ, wǒ yídìng liù diǎn qǐchuáng.

从那年起，我一直在这家公司工作。

Cóng nà nián qǐ, wǒ yìzhí zài zhè jiā gōngsī gōngzuò.

2. "不但…，而且~"

那个人不但会汉语，而且也会韩语。

Nàge rén búdàn huì Hànyǔ, érqiě yě huì Hányǔ.

这条路不但人多，而且车也多。

Zhè tiáo lù búdàn rén duō, érqiě chē yě duō.

第五課と第六課の重要単語

（　）内に単語を書きなさい。

名詞

(　　　　　) shūfǎ　　　　書道。

(　　　　　) xìngqù　　　　興味。おもしろみ。

(　　　　　) chéngshì　　　都市。

動詞

(　　　　　) jùshuō　　　　聞くところによると。

(　　　　　) ràng　　　　　（誰々）に…させる。

(　　　　　) xiàng　　　　　似ている。…のようだ。

(　　　　　) zhíde　　　　　…する価値がある。

(　　　　　) xiàngwǎng　　あこがれる。

形容詞

(　　　　　) yíyàng　　　　同じだ。

(　　　　　) zhěngqí　　　　整っている。揃っている。

(　　　　　) yíhàn　　　　　残念だ。

その他

(　　　　　) bèi　　　　　介（誰々）に…される。

(　　　　　) nàr　　　　　代 そこ。あそこ。

(　　　　　) dàodǐ　　　　副 ①一体全体。②さすがは。

(　　　　　) duōshao　　　疑 いくつ。どれくらい。

(　　　　　) dàgài　　　　副 たぶん。

(　　　　　) tài　　　　　副 とても。あまりにも。

(　　　　　) yìdiǎnr　　　数量 少し。ちょっと。

(　　　　　) wèile　　　　介 …のために。

(　　　　　) cóng　　　　　介 …から。

(　　　　　) kěyǐ　　　　　助動 …することができる。

(　　　　　) yìqǐ　　　　　副 一緒に。

(　　　　　) zhèlǐ/zhèli　　代 ここ。

第五課と第六課の練習

練習1 （　）内に適当な語句を入れなさい。

① （　　　　　　　）兵马俑被誉为"世界第八大奇迹"。

② 西安的（　　　　）是中国古代书法艺术的宝库。

③ 玄奘是《（　　　　　）》里的唐僧。

④ 西安古称（　　　　）。

⑤ 唐玄宗和他宠爱的（　　　　　　）一起来华清池过冬。

練習2 日本語に訳しなさい。

① 他们高高兴兴地唱歌呢。
   Tāmen gāogāoxìngxìng de chàng gē ne.

② 我对中国电影不太感兴趣。
   Wǒ duì Zhōngguó diànyǐng bú tài gǎn xìngqù.

③ 因为事情多，所以我很长时间没来看你。
   Yīnwèi shìqing duō, suǒyǐ wǒ hěn cháng shíjiān méi lái kàn nǐ.

④ 要是有空的话，请跟我联系。
   Yàoshi yǒu kòng dehuà, qǐng gēn wǒ liánxì.

⑤ 这家商店不但东西好，而且价钱也便宜。
   Zhè jiā shāngdiàn búdàn dōngxi hǎo, érqiě jiàqián yě piányi.

第七课　　少数民族
Dì-qī kè　　Shǎoshù Mínzú

会话
Huìhuà

张伟：你 知道 不 知道 中国 一共 有 多少 民族？
　　　Nǐ zhīdào bù zhīdào Zhōngguó yígòng yǒu duōshao mínzú?

高桥：五十六 个。除了 汉族 以外，还 有 五十五 个 少数 民族。
　　　Wǔshíliù ge. Chúle Hànzú yǐwài, hái yǒu wǔshíwǔ ge shǎoshù mínzú.

张伟：人口 最 多 的 是 汉族。你 知 不 知道 汉族 人口 占
　　　Rénkǒu zuì duō de shì Hànzú. Nǐ zhī bù zhīdào Hànzú rénkǒu zhàn

　　　中国 总人口 的 百 分 之 多少？
　　　Zhōngguó zǒngrénkǒu de bǎi fēn zhī duōshao?

高桥：汉族 人口 占 百 分 之 九十 以上。
　　　Hànzú rénkǒu zhàn bǎi fēn zhī jiǔshí yǐshàng.

张伟：那么 中国 有 哪些 少数 民族？你 能 回答 出来 吗？
　　　Nàme Zhōngguó yǒu nǎxiē shǎoshù mínzú? Nǐ néng huídá chūlái ma?

高桥：有 蒙古族、回族、维吾尔族、壮族、藏族……，还 有
　　　Yǒu Měnggǔzú、Huízú、Wéiwú'ěrzú、Zhuàngzú、Zàngzú……, hái yǒu

　　　苗族、朝鲜族 等。少数 民族 的 语言 你 听得懂 吗？
　　　Miáozú、Cháoxiǎnzú děng. Shǎoshù mínzú de yǔyán nǐ tīngdedǒng ma?

张伟：当然 听不懂。不过 你 放心。除了 自己 的 语言，他们
　　　Dāngrán tīngbudǒng. Búguò nǐ fàngxīn. Chúle zìjǐ de yǔyán, tāmen

　　　都 还 会 讲 汉语。
　　　dōu hái huì jiǎng Hànyǔ.

高桥：哦，是 这样。张伟，你 去过 少数 民族 自治区 吗？
　　　Ò, shì zhèyàng. Zhāng Wěi, nǐ qùguo shǎoshù mínzú zìzhìqū ma?

张伟：我 去过 一 次 乌鲁木齐。乌鲁木齐 是 新疆 维吾尔
　　　Wǒ qùguo yí cì Wūlǔmùqí. Wūlǔmùqí shì Xīnjiāng Wéiwú'ěr

　　　自治区 的 首府。
　　　Zìzhìqū de shǒufǔ.

高桥：听说　维吾尔族人　的　服装　特别　漂亮。
　　　Tīngshuō Wéiwú'ěrzúrén de fúzhuāng tèbié piàoliang.

张伟：是　啊！他们　还　喜欢　戴　小花帽。衣服、帽子　都　挺
　　　Shì a! Tāmen hái xǐhuan dài xiǎohuāmào. Yīfu, màozi dōu tǐng

　　　漂亮　的。
　　　piàoliang de.

高桥：对　了，我　还　听说　维吾尔族人　不　吃　猪肉，是　真　的
　　　Duì le, wǒ hái tīngshuō Wéiwú'ěrzúrén bù chī zhūròu, shì zhēn de

　　　吗？
　　　ma?

张伟：是　真　的。不光　维吾尔族人，回族人　也　不　吃　猪肉。
　　　Shì zhēn de. Bùguāng Wéiwú'ěrzúrén, Huízúrén yě bù chī zhūròu.

高桥：那　是　为　什么　呢？
　　　Nà shì wèi shénme ne?

张伟：他们　都　信仰　伊斯兰教。凡是　信仰　伊斯兰教　的　民族
　　　Tāmen dōu xìnyǎng Yīsīlánjiào. Fánshì xìnyǎng Yīsīlánjiào de mínzú

　　　都　不　吃　猪肉。
　　　dōu bù chī zhūròu.

高桥：越　听　越　有　意思。关于　中国　少数　民族，我　想　仔细
　　　Yuè tīng yuè yǒu yìsi. Guānyú Zhōngguó shǎoshù mínzú, wǒ xiǎng zǐxì

　　　研究　一下。
　　　yánjiū yíxià.

中国知識と語句注釈

汉族　漢民族（かんみんぞく）。漢族。中国の主要民族。

百分之多少　百分のいくつ。何パーセント。何割。

蒙古族　モンゴル族。中国の少数民族。モンゴル帝国の創始者チンギス・ハンは有名。その孫であるフビライ・ハンは元を創始した。

回族　回族（かいぞく）。中国の少数民族。イスラム教を信仰する。

维吾尔族　ウイグル族。中国の少数民族。10世紀以降にイスラム化した。

壮族　チワン族。中国の少数民族。人口は少数民族中最も多い。

藏族　チベット族。中国の少数民族。仏教の一派であるラマ教を信仰する。
苗族　ミャオ族。中国の少数民族。貴州省・雲南省・湖南省に居住する。
朝鮮族　朝鮮族(ちょうせんぞく)。中国の少数民族。吉林省・黒竜江省に居住する。
自治区　自治区(じちく)。⇒2頁。

乌鲁木齐　ウルムチ。新疆ウイグル自治区の区都。
新疆维吾尔自治区　新疆(しんきょう)ウイグル自治区。⇒5頁。
首府　区都(くと)。自治区の行政府所在地。
小花帽　刺繍を施した色鮮やかな帽子。
伊斯兰教　イスラム教。

文法と用例

1. 複合方向補語 "出来"

走出来　　zǒu chūlái
看出来　　kàn chūlái
回答出来　huídá chūlái

2. 可能補語

听得懂　　　tīngdedǒng　　　听不懂　　　tīngbudǒng
想得到　　　xiǎngdedào　　　想不到　　　xiǎngbudào
看得出来　　kàndechūlái　　　看不出来　　kànbuchūlái
回答得出来　huídádechūlái　　回答不出来　huídábuchūlái

3. "越…越～"

越快越好。　　　Yuè kuài yuè hǎo.
我越吃越胖。　　Wǒ yuè chī yuè pàng.
她越来越瘦。　　Tā yuè lái yuè shòu.

第八课　少数民族
Dì- bā kè　　Shǎoshù Mínzú

阅读
Yuèdú

中国是个多民族国家。各民族中，汉族人口最多，占全国总人口的百分之九十以上。其他五十五个民族统称为少数民族。少数民族人口虽然不多，但是他们遍及全国各地。他们与汉族人共同生活和劳动，形成一个统一和睦的大家庭。

中国也有少数民族比较集中的地方。如内蒙古自治区、宁夏回族自治区、新疆维吾尔自治区、广西壮族自治区、西藏自治区。

少数民族在衣食方面很有特点。他们多数穿着漂漂亮亮的衣服。如果你有一定的知识，一看他们的服装就能看出来是哪个民族。回族、维吾尔族不吃猪肉，所以中国的城市到处有清真餐厅。每个民族都应该尊重其他民族的生活习惯。

中国知識と語句注釈

汉族　漢民族(かんみんぞく)。漢族。⇒28頁。

统称为　…と総称する。まとめて…と言う。

遍及　広く及ぶ。至る所に及ぶ。

如　例えば。

内蒙古自治区　内(うち)モンゴル自治区。⇒5頁。

宁夏回族自治区　寧夏回族(ねいかかいぞく)自治区。⇒5頁。

新疆维吾尔自治区　新疆(しんきょう)ウイグル自治区。⇒5頁。

广西壮族自治区　広西(こうせい)チワン族自治区。⇒5頁。

西藏自治区　チベット自治区。⇒5頁。

回族　回族(かいぞく)。⇒28頁。

维吾尔族　ウイグル族。⇒28頁。

清真餐厅　イスラム教徒のためのレストラン。ブタ肉やラードを使わない料理を出す。

文法と用例

1. "虽然…，但是～"

虽然风大，但是不太冷。　Suīrán fēng dà, dànshì bú tài lěng.

虽然下雪，可是我想出去。　Suīrán xià xuě, kěshì wǒ xiǎng chūqù.

2. "一…就～"

一看就明白。　Yí kàn jiù míngbai.

一学就会。　Yì xué jiù huì.

第七課と第八課の重要単語

（　　）内に単語を書きなさい。

名詞

（　　） yǔyán　　言語。

（　　） zhū　　ブタ。

（　　） cāntīng　　レストラン。

動詞

（　　） tīng　　聞く。

（　　） dǒng　　分かる。

（　　） fàngxīn　　安心する。

（　　） jiǎng　　話す。言う。

（　　） xǐhuan　　好む。好きだ。

（　　） dài　　（帽子を）かぶる。

（　　） chī　　食べる。

（　　） chuān　　着る。

形容詞

（　　） piàoliang　　きれいだ。美しい。

（　　） yǒu yìsi　　おもしろい。

その他

（　　） yígòng　　副 合わせて。全部で。

（　　） nǎxiē　　疑 どれとどれ。どれとどの。

（　　） búguò　　接 しかし。でも。

（　　） zhèyàng　　代 このようである。

（　　） cì　　量 回。度。

（　　） tǐng　　副 とても。非常に。

（　　） guānyú　　介 …に関して。

（　　） yíxià　　数量 ちょっと（…する）。

（　　） dànshì　　接 しかし。

（　　） yīnggāi　　助動 当然…すべきだ。

第七課と第八課の練習

練習1 （　）内に適当な語句を入れなさい。
① 除了汉族以外，中国还有五十五个（　　　　）民族。
② 汉族人口占中国总人口的百分之（　　　　）以上。
③ 乌鲁木齐是（　　　　）维吾尔自治区的首府。
④ 不光维吾尔族，（　　　　）族也不吃猪肉。
⑤ 凡是信仰（　　　　）教的民族都不吃猪肉。

練習2 日本語に訳しなさい。
① 他很棒，不光英语，还会讲德语、法语和俄语。
　　Tā hěn bàng, bùguāng Yīngyǔ, hái huì jiǎng Déyǔ、Fǎyǔ hé Éyǔ.

② 凡是到北京的外国人都想去看万里长城。
　　Fánshì dào Běijīng de wàiguórén dōu xiǎng qù kàn Wànlǐ Chángchéng.

③ 在学校发生的事，我越解释，父母越生气。
　　Zài xuéxiào fāshēng de shì, wǒ yuè jiěshì, fùmǔ yuè shēngqì.

④ 她虽然只学了一年汉语，可是会说一口很漂亮的普通话。
　　Tā suīrán zhǐ xuéle yì nián Hànyǔ, kěshì huì shuō yì kǒu hěn piàoliang de pǔtōnghuà.

⑤ 那位美国人一接到公司发的通知就动身回国了。
　　Nà wèi Měiguórén yì jiēdào gōngsī fā de tōngzhī jiù dòngshēn huíguó le.

第九课　中国菜
Dì-jiǔ kè　Zhōngguócài

会话 Huìhuà

张伟：高桥，这张照片是在北京全聚德拍的吗？你是在吃北京烤鸭吧？
　　　Gāoqiáo, zhè zhāng zhàopiàn shì zài Běijīng Quánjùdé pāi de ma? Nǐ shì zài chī Běijīng kǎoyā ba?

高桥：是的。北京烤鸭是最有名的北京菜。
　　　Shì de. Běijīng kǎoyā shì zuì yǒumíng de Běijīngcài.

张伟：你在日本国内也吃过烤鸭吗？
　　　Nǐ zài Rìběn guónèi yě chīguo kǎoyā ma?

高桥：以前我跟父母一起去中国饭馆吃过一次。但太贵了，一般吃不起。
　　　Yǐqián wǒ gēn fùmǔ yìqǐ qù Zhōngguó fànguǎn chīguo yí cì. Dàn tài guì le, yìbān chībuqǐ.

张伟：你觉得在日本吃的烤鸭好吃，还是在中国吃的烤鸭好吃？
　　　Nǐ juéde zài Rìběn chī de kǎoyā hǎochī, háishi zài Zhōngguó chī de kǎoyā hǎochī?

高桥：在中国吃的比在日本国内吃的又便宜又好吃。
　　　Zài Zhōngguó chī de bǐ zài Rìběn guónèi chī de yòu piányi yòu hǎochī.

张伟：可不是嘛！哎，中国的北方菜和南方菜味道上有什么区别，你知道吗？
　　　Kěbúshì ma! Āi, Zhōngguó de běifāngcài hé nánfāngcài wèidào shàng yǒu shénme qūbié, nǐ zhīdào ma?

高桥：这我知道。一般来说，北方菜比较油腻，稍微咸
　　　Zhè wǒ zhīdào. Yìbān lái shuō, běifāngcài bǐjiào yóunì, shāowēi xián

一点儿。南方菜 清淡，稍 甜 点儿。
yìdiǎnr. Nánfāngcài qīngdàn, shāo tián diǎnr.

张伟："南甜 北咸，东辣 西酸" 嘛！
"Nántián běixián, dōnglà xīsuān" ma!

高桥：张伟，你 刚才 说的 "东辣 西酸" 的 "东" 和 "西"
Zhāng Wěi, nǐ gāngcái shuō de "dōnglà xīsuān" de "dōng" hé "xī"

指 的 是 东部 和 西部 吗?
zhǐ de shì dōngbù hé xībù ma?

张伟："东" 和 "西" 分别 指 山东 和 山西。山东人 喜欢
"Dōng" hé "xī" fēnbié zhǐ Shāndōng hé Shānxī. Shāndōngrén xǐhuan

吃 辣 的，山西人 爱 吃 酸 的。
chī là de, Shānxīrén ài chī suān de.

高桥：哦，原来 是 这样。不过 四川菜 比 山东菜 更 辣，是
Ò, yuánlái shì zhèyàng. Búguò Sìchuāncài bǐ Shāndōngcài gèng là, shì

不 是?
bú shì?

张伟：是 啊！以前 去 成都 时，我 吃过 地道 的 四川菜。那
Shì a! Yǐqián qù Chéngdū shí, wǒ chīguo dìdao de Sìchuāncài. Nà

时 吃 的 麻婆 豆腐 真 辣死 我 了！
shí chī de mápó dòufu zhēn làsǐ wǒ le!

高桥：我 还 在 书 上 看过 中国 南方 有 "龙虎斗" 什么的。
Wǒ hái zài shū shàng kànguo Zhōngguó nánfāng yǒu "lónghǔdòu" shénmede.

张伟："龙虎斗" 是 有名 的 广东菜 的 名字。"龙虎" 实际上
"Lónghǔdòu" shì yǒumíng de Guǎngdōngcài de míngzi. 'Lónghǔ' shíjìshàng

指 的 是 蛇 和 猫。那 是 用 蛇 肉 和 猫 肉 做
zhǐ de shì shé hé māo. Nà shì yòng shé ròu hé māo ròu zuò

的 菜，可 我 没 吃过。
de cài, kě wǒ méi chīguo.

高桥：连 蛇 和 猫 都 吃 吗? 人们 说 "食在 广州"，真 是
Lián shé hé māo dōu chī ma? Rénmen shuō "shízài Guǎngzhōu", zhēn shì

一点儿 也 不 假。
yìdiǎnr yě bù jiǎ.

中国知識と語句注釈

北京　北京(ペキン)。⇒2頁。
全聚徳　全聚徳(ぜんしゅとく)。北京ダックの専門店。
北京烤鸭　北京(ペキン)ダック。アヒルの丸焼き。北京料理の代表。
可不是　その通りだ。
南甜北咸，东辣西酸　南方の料理は甘く，北方の料理は塩辛い。山東省の料理は辛く，山西省の料理は酸っぱい。
山东　山東(さんとう)省。⇒5頁。
山西　山西(さんせい)省。省都は太原。
四川　四川(しせん)省。省都は成都。辛い料理で有名。
成都　成都(せいと)。四川省の省都。三国時代の蜀の都。
麻婆豆腐　マーボ豆腐。豆腐とひき肉の唐辛子みそいため。四川料理。
龙虎斗　竜虎闘(りゅうことう)。ヘビとネコの肉を煮込んだスープ。広東料理。
广东　広東(カントン)省。省都は広州。
食在广州　食は広州に在り。広東料理は天下第一。

文法と用例

1. "在"の用法

你家在哪儿？　　　Nǐ jiā zài nǎr?
我在外边等你。　　Wǒ zài wàibian děng nǐ.
我们住在一起。　　Wǒmen zhù zài yìqǐ.
你在干什么呢？　　Nǐ zài gàn shénme ne?

2. "吃不…"「食べられない」

吃不惯　chībuguàn

吃不来　chībulái

吃不了　chībuliǎo

吃不起　chībuqǐ

吃不上　chībushàng

吃不下　chībuxià

3. "又…又～"

这儿的菜又便宜又好吃。　Zhèr de cài yòu piányi yòu hǎochī.
他夫人又聪明又漂亮。　　Tā fūrén yòu cōngmíng yòu piàoliang.

発展　"既…又～"

她既认真又用功。　　　　Tā jì rènzhēn yòu yònggōng.
这支笔既好看又好用。　　Zhè zhī bǐ jì hǎokàn yòu hǎoyòng.

4. 程度を表す補語（2）

辣死我了　làsǐ wǒ le
热死我了　rèsǐ wǒ le
疼死我了　téngsǐ wǒ le

発展　"把我…死了"

把我辣死了　bǎ wǒ làsǐ le
把我热死了　bǎ wǒ rèsǐ le
把我疼死了　bǎ wǒ téngsǐ le

5. 「…さえも，…すら」

连孩子都会。　　Lián háizi dōu huì.
连饭也不吃。　　Lián fàn yě bù chī.
一次也没去过。　Yí cì yě méi qùguo.
一点儿也不辣。　Yìdiǎnr yě bú là.

発展　「誰でも，誰も」など

谁都知道。　　Shéi dōu zhīdào.
谁也不知道。　Shéi yě bù zhīdào.
什么都吃。　　Shénme dōu chī.
什么也不吃。　Shénme yě bù chī.

第十课　　中国菜　　阅读

中国的食文化拥有悠久的历史。中国幅员辽阔,由于地域的不同,菜的风味也不一样。一般来说,北方菜油腻,较咸,而南方菜则清淡,带点甜味。关于主食,北方以面食为主,南方以米饭为主。

中国的传统名菜数不胜数。北京烤鸭、涮羊肉是数得着的北京菜。天津的"狗不理"包子、广东的"龙虎斗"等都是久负盛名的。四川菜可以说是世界上最辣的菜之一。如果有机会去四川吃正宗的川菜,你就一定会体验到什么叫"辣"。

中国有特色的食品种类多得很。街上卖的馒头、面条、水饺、馄饨、油条、羊肉串等,既便宜又好吃。

中国知識と語句注釈

幅员　領土の面積。
面食　小麦粉で作った食品の総称。うどんやマントー・ギョーザなど。
名菜　名高い料理。
数不胜数　数えようにも数えきれない。数えきれないほど多い。
北京烤鸭　北京(ペキン)ダック。⇒36頁。
涮羊肉　ヒツジ肉のしゃぶしゃぶ。北京料理。
北京　北京(ペキン)。⇒2頁。
天津　天津(てんしん)。⇒5頁。
"狗不理"包子　天津(てんしん)肉饅頭。"狗不理"はこの肉饅頭を売り始めた店の主人の少年時代のあだな。
广东　広東(カントン)省。⇒36頁。
龙虎斗　竜虎闘(りゅうことう)。⇒36頁。
久负盛名　昔から評判が高い。
四川　四川(しせん)省。⇒36頁。
正宗　正真正銘の。本場の。
川菜　四川(しせん)料理。"川"は"四川"の略称。
馒头　マントー。小麦粉で作った蒸しパン。
面条　うどん。めん類。
水饺　水ギョーザ。ゆでギョーザ。
馄饨　ワンタン。
油条　揚げパン。小麦粉をこねて棒状にのばし，油で揚げた食品。
羊肉串　シシカバブ。ヒツジ肉の串焼き。

文法と用例

1. "会"の用法

他会日语，也会韩语。　Tā huì Rìyǔ, yě huì Hányǔ.
我会说一点儿汉语。　Wǒ huì shuō yìdiǎnr Hànyǔ.
你真会买东西。　Nǐ zhēn huì mǎi dōngxi.
她一定会来的。　Tā yídìng huì lái de.

2. 程度を表す補語（3）

忙得很　　máng de hěn
好得多　　hǎo de duō
累得要命　lèi de yàomìng

第九課と第十課の重要単語

（　　）内に単語を書きなさい。

名詞

（　　）	cài	料理。
（　　）	fànguǎn	レストラン。
（　　）	gāngcái	先ほど。
（　　）	míngzi	名前。
（　　）	miàntiáo	うどん。

動詞

| （　　） | pāi | （写真を）撮る。 |

形容詞

（　　）	guì	（値段が）高い。
（　　）	hǎochī	おいしい。
（　　）	piányi	（値段が）安い。
（　　）	yóunì	脂っこい。
（　　）	xián	塩辛い。
（　　）	tián	甘い。
（　　）	là	辛い。
（　　）	dìdao	本物だ。正真正銘だ。
（　　）	jiǎ	偽りだ。

その他

（　　）	zhāng	量 平らな面を持った物を数える。
（　　）	ba	助 …でしょう？推量の語気を表す。
（　　）	háishi	接 それとも。
（　　）	shāowēi	副 少し。ちょっと。
（　　）	fēnbié	副 それぞれ。
（　　）	yuánlái	副 もともと。
（　　）	rúguǒ	接 もしも…ならば。
（　　）	yídìng	副 必ず。きっと。

第九課と第十課の練習

練習1　（　　）内に適当な語句を入れなさい。

① 北京（　　　　）是最有名的北京菜。

② 南（　　　　）北咸。

③ 东辣西（　　　　）。

④ 食在（　　　　）。

⑤ （　　　　）菜是世界上最辣的菜之一。

練習2　日本語に訳しなさい。

① 妹妹的丈夫又帅又能干，姐姐羡慕妹妹。
　　Mèimei de zhàngfu yòu shuài yòu nénggàn, jiějie xiànmù mèimei.

② 一个星期一直给他当翻译，真累死我了。
　　Yí ge xīngqī yìzhí gěi tā dāng fānyì, zhēn lèisǐ wǒ le.

③ 这么容易的事连小孩儿都能做到。
　　Zhème róngyì de shì lián xiǎoháir dōu néng zuòdào.

④ 整天忙得很，一点儿空都没有。
　　Zhěngtiān máng de hěn, yìdiǎnr kòng dōu méiyǒu.

⑤ 一般来说，父亲疼爱女儿，而母亲则疼爱儿子。
　　Yìbān lái shuō, fùqīn téng'ài nǚ'ér, ér mǔqīn zé téng'ài érzi.

第十一课　　旅游 胜地
Dì-shíyī kè　　Lǚyóu Shèngdì

会话 Huìhuà

张伟：高桥，明年去中国留学时，你可以去很多地方旅游。
　　　Gāoqiáo, míngnián qù Zhōngguó liúxué shí, nǐ kěyǐ qù hěn duō dìfang lǚyóu.

高桥：是啊！到时候我一定要走遍全国各地。想一想就兴奋，晚上有时睡不着觉呢。
　　　Shì a! Dào shíhou wǒ yídìng yào zǒubiàn quánguó gè dì. Xiǎng yì xiǎng jiù xīngfèn, wǎnshang yǒushí shuìbuzháo jiào ne.

张伟：到中国后，你首先想去哪些地方？
　　　Dào Zhōngguó hòu, nǐ shǒuxiān xiǎng qù nǎxiē dìfang?

高桥：首先想去苏州和杭州。听说苏杭风景很美。
　　　Shǒuxiān xiǎng qù Sūzhōu hé Hángzhōu. Tīngshuō Sū-Háng fēngjǐng hěn měi.

张伟："上有天堂，下有苏杭"嘛！苏州市内到处有代表宋、元、明、清历代园林艺术的名园。郊区还有有名的寒山寺。
　　　"Shàngyǒu tiāntáng, xiàyǒu Sū-Háng" ma! Sūzhōu shìnèi dàochù yǒu dàibiǎo Sòng, Yuán, Míng, Qīng lìdài yuánlín yìshù de míngyuán. Jiāoqū hái yǒu yǒumíng de Hánshān Sì.

高桥：听说有人把杭州的西湖比作美丽的少女，西湖真的那么好看吗？
　　　Tīngshuō yǒu rén bǎ Hángzhōu de Xī Hú bǐzuò měilì de shàonǚ, Xī Hú zhēn de nàme hǎokàn ma?

张伟：是很好看。春天的西湖特别美丽。
　　　Shì hěn hǎokàn. Chūntiān de Xī Hú tèbié měilì.

高桥：对了，我还想去广西的桂林游览漓江。
Duì le, wǒ hái xiǎng qù Guǎngxī de Guìlín yóulǎn Lí Jiāng.

张伟：清澈见底的漓江两岸屹立着怪石奇峰，好像是一幅山水画似的。
Qīngchè jiàndǐ de Lí Jiāng liǎng'àn yìlìzhe guàishí qífēng, hǎoxiàng shì yì fú shānshuǐhuà shìde.

高桥：难怪人们都说"桂林山水甲天下"。
Nánguài rénmen dōu shuō "Guìlín shānshuǐ jiǎ tiānxià".

张伟：中国还有很多很有特点的城市。比如黑龙江的哈尔滨被称为"冰城"，云南的昆明被称为"春城"。
Zhōngguó hái yǒu hěn duō hěn yǒu tèdiǎn de chéngshì. Bǐrú Hēilóngjiāng de Hā'ěrbīn bèi chēngwéi "bīngchéng", Yúnnán de Kūnmíng bèi chēngwéi "chūnchéng".

高桥：哈尔滨的冬天很冷吧？
Hā'ěrbīn de dōngtiān hěn lěng ba?

张伟：最冷的时候零下三十多度，冷得要命。
Zuì lěng de shíhou língxià sānshí duō dù, lěng de yàomìng.

高桥：昆明为什么叫"春城"？
Kūnmíng wèi shénme jiào "chūnchéng"?

张伟：昆明四季如春，连冬天也比较暖和，所以叫"春城"。到了昆明，你可以顺便去石林观光。
Kūnmíng sìjì rúchūn, lián dōngtiān yě bǐjiào nuǎnhuo, suǒyǐ jiào "chūnchéng". Dàole Kūnmíng, nǐ kěyǐ shùnbiàn qù Shílín guānguāng.

高桥：冬天我想去哈尔滨，也想去昆明。张伟，你说我该怎么办呢？
Dōngtiān wǒ xiǎng qù Hā'ěrbīn, yě xiǎng qù Kūnmíng. Zhāng Wěi, nǐ shuō wǒ gāi zěnme bàn ne?

中国知識と語句注釈

胜地　景勝地。名勝。

苏州　蘇州(そしゅう)。江蘇省にある市。庭園が多い。

杭州　杭州(こうしゅう)。浙江省の省都。南宋の都で，当時は臨安と呼ばれた。マルコ・ポーロも13世紀後半に訪れたことがある。マルコ・ポーロはイタリアの旅行家で，シルクロードを通って中国に至り，フビライ・ハンに17年間仕えた。シルクロードについては ⇒23頁。

苏杭　蘇杭(そこう)。蘇州と杭州。

上有天堂，下有苏杭　上に天堂有り，下に蘇杭有り。天上には天国があり，地上には蘇杭がある。蘇州と杭州はこの世の楽園である。

宋　宋(そう)。中国の王朝名。開封に都が置かれた北宋と，臨安に都が置かれた南宋に分かれる。北宋は960年〜1127年。南宋は1127年〜1279年。

元　元(げん)。中国の王朝名。1271年〜1368年。チンギス・ハンの孫であるフビライ・ハンが創始した。

明　明(みん)。⇒11頁。

清　清(しん)。⇒11頁。

名园　名園。名高い庭園。

寒山寺　寒山寺(かんざんじ)。蘇州郊外にある古寺。

西湖　西湖(せいこ)。杭州にある湖。古くから景勝地として有名。

比作　…に例える。

广西　広西(こうせい)チワン族自治区。⇒5頁。

桂林　桂林(けいりん)。広西チワン族自治区にある市。

漓江　漓江(りこう)。桂林を流れる河川。川沿いに石灰岩の奇峰が並ぶ。

清澈见底　(川や湖の水が)透き通って底まで見える。

怪石奇峰　不思議な形の岩や峰。

桂林山水甲天下　桂林の山水は天下第一。"甲"は「1番目」。

比如　例えば。

黑龙江　黒竜江(こくりゅうこう)省。省都はハルビン。

哈尔滨　ハルビン。黒竜江省の省都。

冰城　氷の町。ハルビンの別称。

云南　雲南(うんなん)省。省都は昆明。20余りの少数民族が居住する。

昆明　昆明(こんめい)。雲南省の省都。

春城　春の町。昆明の別称。

四季如春　四季春のごとし。1年じゅう春のようだ。

到了昆明　昆明に着いたら。

石林　石林(せきりん)。雲南省にある町。草原の中に多数の石柱がそそり立つ奇景で有名。

文法と用例

1. 結果補語 "…着 zháo"

找着了　　zhǎozháo le
睡着了　　shuìzháo le
猜着了　　cāizháo le

2. 可能補語 "…不着 buzháo"

找不着　　zhǎobuzháo
睡不着　　shuìbuzháo
猜不着　　cāibuzháo

3. 介詞 "把"

把门关上　　　　　bǎ mén guānshàng
把话说清楚　　　　bǎ huà shuō qīngchu
把房间打扫干净　　bǎ fángjiān dǎsǎo gānjìng

4. "好像…似的"

他好像是电影演员似的。　　Tā hǎoxiàng shì diànyǐng yǎnyuán shìde.
她好像有点儿不高兴似的。　　Tā hǎoxiàng yǒudiǎnr bù gāoxìng shìde.

第十二课　　旅游胜地
Dì-shí'èr kè　　Lǚyóu Shèngdì

阅读 Yuèdú

苏州在江苏省，名胜古迹举不胜举，古典园林星罗棋布。杭州是浙江省的省会，也是中国屈指可数的风景城市。宋代诗人苏东坡赞美西湖的诗句"欲把西湖比西子，淡妆浓抹总相宜"，流传至今。苏杭风景如画，使许多游客流连忘返。人们把苏杭之美誉为"人间天堂"。

桂林景色优美，享有"桂林山水甲天下"的声誉。自古以来，人人称赞桂林山水为"人间仙境"。

哈尔滨冬季白雪皑皑，滴水成冰，所以叫"冰城"。昆明四季如春，不冷不热，故称"春城"。

除此之外，中国还有许多独具特色的城市。到中国各地旅行，你一定会大开眼界的。

中国知識と語句注釈

苏州　蘇州(そしゅう)。⇒44頁。
江苏省　江蘇(こうそ)省。省都は南京。
举不胜举　挙げようにも挙げきれない。挙げきれないほど多い。枚挙にいとまがない。
星罗棋布　空の星や碁盤の石のように一面に分布している。
杭州　杭州(こうしゅう)。⇒44頁。
浙江省　浙江(せっこう)省。省都は杭州。
省会　省都(しょうと)。⇒23頁。
屈指可数　指折り数えられるほどしかない。屈指の。
宋　宋(そう)。⇒44頁。
苏东坡　蘇東坡(そとうば)。蘇軾(そしょく)。東坡は号。1036年～1101年。北宋の文豪。
西湖　西湖(せいこ)。⇒44頁。
欲把西湖比西子，淡妆浓抹总相宜　西湖をもって西子に比せんと欲すれば，淡粧濃抹(たんしょうのうまつ)すべてあい宜(よろ)し。西湖を西子に例えようとすれば，薄化粧でも厚化粧でもよく似合う。西子は春秋時代の越の国の美女で，普通は西施と呼ばれる。
流传至今　いまに至るまで伝わっている。
苏杭　蘇杭(そこう)。⇒44頁。
风景如画　風景が絵のようだ。
流连忘返　遊びふけって帰るのを忘れる。
之美　…の美しさ。
人间天堂　この世の楽園。
桂林　桂林(けいりん)。⇒44頁。
自古以来　昔からずっと。
人间仙境　この世の仙境。別天地。
哈尔滨　ハルビン。⇒44頁。
白雪皑皑　雪が真っ白に降り積もった様子。
滴水成冰　したたる水が氷になる。非常に寒い様子。
冰城　氷の町。⇒44頁。
昆明　昆明(こんめい)。⇒44頁。
故　ゆえに。だから。
春城　春の町。⇒44頁。
除此之外　このほかに。
独具特色　独特の特色を持っている。
大开眼界　大いに見聞を広める。

文法と用例

1. "如"の用法

四季如春　　　　　　　　　　sìjì rúchūn

百闻不如一见　　　　　　　　bǎiwén bùrú yíjiàn

[比] 如中国、韩国、日本等　　[bǐ]rú Zhōngguó、Hánguó、Rìběn děng

2. 名詞の重ね型

人人　rénrén

时时　shíshí

天天　tiāntiān

年年　niánnián

第十一課と第十二課の重要単語

（　）内に単語を書きなさい。

名詞

（　　　　）wǎnshang　　　夜。
（　　　　）tiāntáng　　　天国。楽園。

動詞

（　　　　）shuìjiào　　　眠る。寝る。
（　　　　）hǎoxiàng　　　まるで…のようだ。
（　　　　）bàn　　　する。

形容詞

（　　　　）hǎokàn　　　きれいだ。
（　　　　）duì　　　正しい。
（　　　　）lěng　　　寒い。
（　　　　）nuǎnhuo　　　暖かい。
（　　　　）rè　　　暑い。
（　　　　）xǔduō　　　多い。たくさん。

その他

（　　　　）yào　　　助動　…したい。
（　　　　）shǒuxiān　　　副　最初に。真っ先に。
（　　　　）dàochù　　　副　至る所（に）。
（　　　　）fú　　　量　絵画を数える。
（　　　　）shìde　　　助　…のようだ。
（　　　　）wèi shénme　　　疑　なぜ。どうして。
（　　　　）lián　　　介　…さえも。…すら。
（　　　　）bǐjiào　　　副　割と。
（　　　　）suǒyǐ　　　接　だから。
（　　　　）shùnbiàn　　　副　ついでに。
（　　　　）gāi　　　助動　…すべきだ。
（　　　　）huì　　　助動　…するはずだ。

第十一課と第十二課の練習

練習1 （　）内に適当な語句を入れなさい。

① 上有天堂，下有（　　　　）。
② （　　　　）山水甲天下。
③ 黑龙江的（　　　　）被称为"冰城"。
④ 云南的（　　　　）被称为"春城"。
⑤ 欲把（　　　　）比西子，淡妆浓抹总相宜。

練習2 日本語に訳しなさい。

① 我感冒了，晚上咳嗽得睡不着觉。
　　Wǒ gǎnmào le, wǎnshang késou de shuìbuzháo jiào.

② 请你把这把椅子搬进房间里去。
　　Qǐng nǐ bǎ zhè bǎ yǐzi bānjìn fángjiān lǐ qù.

③ 我和你在一起好像做梦似的高兴。
　　Wǒ hé nǐ zài yìqǐ hǎoxiàng zuòmèng shìde gāoxìng.

④ 一个人来中国后，我想家想得要命。
　　Yí ge rén lái Zhōngguó hòu, wǒ xiǎng jiā xiǎng de yàomìng.

⑤ 北京名胜古迹多得很，是人人都向往的地方。
　　Běijīng míngshèng gǔjì duō de hěn, shì rénrén dōu xiàngwǎng de dìfang.

第十三课　　传统 节日
Dì-shísān kè　　Chuántǒng Jiérì

会话 / Huìhuà

张伟：高桥，你 猜猜 今天 是 什么 日子？
　　　Gāoqiáo, nǐ cāicai jīntiān shì shénme rìzi?

高桥：啊，差点儿 忘 了。今天 是 春节！
　　　À, chàdiǎnr wàng le. Jīntiān shì Chūnjié!

张伟：过年 好！今天 是 中国 农历 一月 一 号。
　　　Guònián hǎo! Jīntiān shì Zhōngguó nónglì yīyuè yī hào.

高桥：过年 好！欸，张伟，你 在 墙 上 倒 贴着 "福"
　　　Guònián hǎo! Ê, Zhāng Wěi, nǐ zài qiáng shàng dào tiēzhe "fú"

　　　字，这 是 怎么 回 事？要是 被 人 看见 了，多 不
　　　zì, zhè shì zěnme huí shì? Yàoshi bèi rén kànjiàn le, duō bù

　　　好意思 啊！
　　　hǎoyìsi a!

张伟：你 看到 那个 字 后 想 说 什么？
　　　Nǐ kàndào nàge zì hòu xiǎng shuō shénme?

高桥："福" 倒 了。…… 啊，明白 了，"福" 到 了！
　　　"Fú" dào le. …… à, míngbai le, "fú" dào le!

张伟：过年 时，中国人 在 门 上 倒 贴 "福" 字，想 让
　　　Guònián shí, Zhōngguórén zài mén shàng dào tiē "fú" zì, xiǎng ràng

　　　人 说 一 句 "福 到 了"。
　　　rén shuō yí jù "fú dào le".

高桥：原来 是 这么 回 事。中国人 过 春节 时 吃 饺子，
　　　Yuánlái shì zhème huí shì. Zhōngguórén guò Chūnjié shí chī jiǎozi,

　　　是 吧？
　　　shì ba?

张伟：是 的。饺子 的 形状 很 像 元宝，所以 饺子
　　　Shì de. Jiǎozi de xíngzhuàng hěn xiàng yuánbǎo, suǒyǐ jiǎozi

传统节日　51

象征着 钱。过春节时，中国人还喜欢吃鱼
xiàngzhēngzhe qián. Guò Chūnjié shí, Zhōngguórén hái xǐhuan chī yú

和鸡。
hé jī.

高桥：鱼和鸡？这到底是为什么？
Yú hé jī? Zhè dàodǐ shì wèi shénme?

张伟："鱼"和"余"的发音一样，"鸡"和"吉"的发音也
"Yú" hé "yú" de fāyīn yíyàng, "jī" hé "jí" de fāyīn yě

差不多。这些东西都象征着生活富裕，年年
chàbuduō. Zhèxiē dōngxi dōu xiàngzhēngzhe shēnghuó fùyù, niánnián

有余，年年大吉。
yǒuyú, niánnián dàjí.

高桥：这都取个吉利吧？我还知道春节时孩子们
Zhè dōu qǔ ge jílì ba? Wǒ hái zhīdào Chūnjié shí háizimen

喜欢放鞭炮。
xǐhuan fàng biānpào.

张伟：不光孩子，大人也喜欢放。
Bùguāng háizi, dàren yě xǐhuan fàng.

高桥：大人也喜欢放？这究竟是为什么呢？
Dàren yě xǐhuan fàng? Zhè jiūjìng shì wèi shénme ne?

张伟：因为我们中国人都觉得只有放鞭炮才能有
Yīnwèi wǒmen Zhōngguórén dōu juéde zhǐyǒu fàng biānpào cái néng yǒu

过年的气氛。
guònián de qìfēn.

高桥：原来是这样。看来，每个民族过年的习惯都不
Yuánlái shì zhèyàng. Kànlái, měi ge mínzú guònián de xíguàn dōu bù

一样。
yíyàng.

中国知識と語句注釈

春节　春節(しゅんせつ)。旧暦の正月。旧正月。
农历　旧暦。陰暦。
元宝　元宝(げんぽう)。馬蹄銀(ばていぎん)。中国で昔使われた貨幣。
年年有余　毎年余りがある。
年年大吉　毎年大吉だ。
鞭炮　爆竹(ばくちく)。

文法と用例

1. "怎么"の用法

"鞭炮"用日语怎么说?　　"Biānpào" yòng Rìyǔ zěnme shuō?
手续怎么这么麻烦?　　Shǒuxù zěnme zhème máfan?
这是怎么［一］回事?　　Zhè shì zěnme [yì] huí shì?
这个问题不怎么难。　　Zhège wèntí bù zěnme nán.

2. 「何と…！」「どれくらい…？」

风景多［么］美丽！　　Fēngjǐng duō[me] měilì!
母亲多［么］伟大！　　Mǔqīn duō[me] wěidà!
你父亲多大年纪?　　Nǐ fùqīn duō dà niánjì?
从这里到那里有多远?　　Cóng zhèlǐ dào nàlǐ yǒu duō yuǎn?

3. "只有…才～"

你只有多练习才能进步。　　Nǐ zhǐyǒu duō liànxí cái néng jìnbù.
只有你满意，我才高兴。　　Zhǐyǒu nǐ mǎnyì, wǒ cái gāoxìng.

発展　"只要…就～"

你只要多练习就会进步。　　Nǐ zhǐyào duō liànxí jiù huì jìnbù.
只要你满意，我就高兴。　　Zhǐyào nǐ mǎnyì, wǒ jiù gāoxìng.

第十四课　传统节日
Dì- shísì kè　Chuántǒng Jiérì

阅读
Yuèdú

中国人的传统节日都是按照阴历来过的。
　　　　　　　　　　　　ànzhào yīnlì　guò

阴历正月初一是春节，是中国最盛大的传统
　　zhēngyuè chū　　Chūnjié　　　　　　shèngdà

节日。春节比阳历的元旦热闹多了。春节前人们把
　　　　bǐ yánglì　Yuándàn rènao　　　　　qián　　bǎ

房子打扫得干干净净，墙上贴上新年画，门上
fángzi dǎsǎo　gāngānjìngjìng qiáng shàng tiēshàng xīn niánhuà mén

贴上新春联，准备迎接新年。大年三十晚上全家人都
　　　chūnlián zhǔnbèi yíngjiē xīnnián dànián　　wǎnshang quánjiārén

聚在一起热热闹闹地吃丰盛的年夜饭。春节时，人们
jù　yìqǐ　rèrènàonào de chī fēngshèng niányèfàn　shí

穿上新衣服，到亲戚、朋友家拜年。大人还给孩子们
chuānshàng yīfu　　qīnqi péngyou jiā bàinián dàren　　gěi háizimen

压岁钱。
yāsuìqián

春节的夜晚，天空中看不见月亮，本来应该是
　　　　　yèwǎn tiānkōng　kànbujiàn yuèliang běnlái yīnggāi

外头漆黑漆黑的。之后过十五天才能看见一年
wàitou qīhēi　　　zhīhòu guò　　tiān cái néng kànjiàn

里头第一个望月。阴历正月十五就是元宵节。这一天
lǐtou　　　wàngyuè　　　　　jiù　Yuánxiāojié

人们吃元宵。
　　　yuánxiāo

端午节是阴历五月初五。相传战国时代楚国的
Duānwǔjié　　　　　　　xiāngchuán Zhànguó Shídài Chǔguó

爱国主义诗人屈原在这天投江自杀了。后来，人们为了纪念他而开始在这一天吃粽子、举行赛龙船活动等。端午节吃粽子的习惯也传到了日本。

中秋节是仅次于春节的大节日。阴历八月十五的晚上一轮大大的月亮高高地挂在夜空，人们就坐在院子里，一边观赏月亮，一边吃月饼。中秋的月亮特别明亮格外圆。此时，人们思念在远方的亲人，远离故乡的人也会"举头望明月，低头思故乡"的。

少数民族还庆祝他们独特的节日，如傣族的泼水节、彝族的火把节等。泼水节的时候，傣族人先用清水把佛像洗干净，然后把脸盆里的水泼向最心爱的人，以表示敬意与情爱。

中国知識と語句注釈

阴历　陰暦。旧暦。"农历 nónglì" とも言う。

阴历正月初一　旧暦の1月1日。

春节　春節(しゅんせつ)。⇒53頁。

阳历的元旦　新暦の元旦。

年画　年画(ねんが)。旧正月に飾る縁起物の絵。

春联　春聯(しゅんれん)。旧正月に飾る対になっためでたい文句。

大年三十　(旧暦の)大みそか。

年夜饭　大みそかのご馳走。

压岁钱　お年玉。

阴历正月十五　旧暦の1月15日。

元宵节　元宵節(げんしょうせつ)。旧暦の1月15日。1年の最初の満月を祝う。

元宵　元宵(げんしょう)だんご。もち米で作ったあん入りのだんご。元宵節に食べる。

端午节　端午節(たんごせつ)。端午の節句。旧暦の5月5日。

阴历五月初五　旧暦の5月5日。

战国时代　戦国(せんごく)時代。前475年～前221年。

楚国　楚(そ)の国。春秋戦国時代の国名。? ～前223年。

屈原　屈原(くつげん)。前343年頃～前277年頃。戦国時代の楚の国の愛国主義の詩人。中傷により追放される生涯を送り、汨羅江(べきらこう)に投身自殺した。旧暦5月5日は屈原の命日と言い伝えられている。

投江　川に身を投げる。

粽子　ちまき。端午節に食べる。屈原の命日である旧暦5月5日に供え物としたもの。

赛龙船　竜船のレースをする。"龙船"は竜の形に飾った船で、端午の節句に行われるレースに用いられる。

中秋节　中秋節(ちゅうしゅうせつ)。中秋の節句。旧暦8月15日。家族そろって月見をして月餅を食べる。

仅次于　わずかに…に次ぐ。(すぐ)…に次ぐ。

阴历八月十五　旧暦の8月15日。

月饼　月餅(げっぺい)。小麦粉で作った皮にあんやドライフルーツを入れて焼いた菓子。中秋節に食べる。

远离　遠く離れる。

举头望明月，低头思故乡　頭(こうべ)を挙げて明月を望み、頭を低(た)れて故郷を思う。頭をあげては明月をながめ、頭をたれては故郷を思う。唐代の李白の詩『静夜の思い』の後半部分。前半部分は"床前明月光，疑是地上霜"(床前明月の光，疑(うたご)うらくはこれ地上の霜かと)。李白については⇒62頁。

傣族　タイ族。中国の少数民族。雲南省等に居住する。

泼水节　水かけ祭。タイ族の正月。

彝族　イ族。中国の少数民族。四川省・雲南省等に居住する。

火把节　たいまつ祭。イ族やペー族などの伝統行事。

文法と用例

1. 形容詞の重ね型

高高的个子　gāogāo de gèzi

大大的眼睛　dàdà de yǎnjing

红红的脸　hónghóng de liǎn

圆圆的月亮　yuányuán de yuèliang

2. 形容詞の"ＡＢＡＢ"型フレーズ

漆黑漆黑的夜晚　qīhēi qīhēi de yèwǎn

雪白雪白的墙　xuěbái xuěbái de qiáng

冰凉冰凉的水　bīngliáng bīngliáng de shuǐ

3. "一边…，一边～"

我们一边吃饭，一边聊天儿。　Wǒmen yìbiān chīfàn, yìbiān liáotiānr.

他一边看手表，一边打电话。　Tā yìbiān kàn shǒubiǎo, yìbiān dǎ diànhuà.

4. "先…然后［再］～"

我先洗手然后吃饭。　Wǒ xiān xǐ shǒu ránhòu chīfàn.

你先收拾房间然后再休息。　Nǐ xiān shōushi fángjiān ránhòu zài xiūxi.

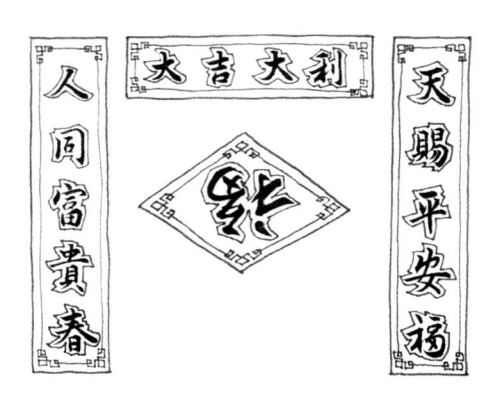

第十三課と第十四課の重要単語

（　）内に単語を書きなさい。

名詞

- (　　　) qiáng　　壁。
- (　　　) qián　　お金。
- (　　　) dōngxi　　物。品物。
- (　　　) háizi　　子ども。
- (　　　) fángzi　　家屋。家。
- (　　　) péngyou　　友人。友だち。
- (　　　) yuèliang　　月。
- (　　　) yuànzi　　庭。中庭。
- (　　　) hòulái　　その後。

動詞

- (　　　) cāi　　（答えを）当てる。
- (　　　) míngbai　　分かる。理解する。
- (　　　) tiē　　はる。はり付ける。
- (　　　) kànjiàn　　見える。
- (　　　) dǎsǎo　　掃除する。
- (　　　) gěi　　与える。
- (　　　) zuò　　座る。

形容詞

- (　　　) chàbuduō　　ほとんど同じだ。
- (　　　) rènao　　にぎやかだ。
- (　　　) gānjìng　　清潔だ。きれいだ。

その他

- (　　　) chàdiǎnr　　副 もう少しで。危うく。
- (　　　) yàoshi　　接 もしも…ならば。
- (　　　) jiūjìng　　副 一体全体。
- (　　　) lǐtou　　方 中。

第十三課と第十四課の練習

練習1　（　）内に適当な語句を入れなさい。

① 中国阴历一月一号是（　　　）节。
② （　　　）节是阴历五月初五。
③ （　　　）节时中国人吃月饼。
④ 举头望（　　　），低头思故乡。
⑤ （　　　）节是傣族的传统节日。

練習2　日本語に訳しなさい。

① 公交车上有点儿困，我差点儿坐过了站。
　Gōngjiāochē shàng yǒudiǎnr kùn, wǒ chàdiǎnr zuòguòle zhàn.

② 我们刚才说的话好像被人听见了。
　Wǒmen gāngcái shuō de huà hǎoxiàng bèi rén tīngjiàn le.

③ 只有你亲自去一趟才能了解那里的情况。
　Zhǐyǒu nǐ qīnzì qù yí tàng cái néng liǎojiě nàlǐ de qíngkuàng.

④ 屋子里漆黑漆黑的，什么都看不见。
　Wūzi lǐ qīhēi qīhēi de, shénme dōu kànbujiàn.

⑤ 你一边打电话一边开车，多么危险！
　Nǐ yìbiān dǎ diànhuà yìbiān kāichē, duōme wēixiǎn!

第十五课　中国　文学
Dì-shíwǔ kè　Zhōngguó Wénxué

会话 Huìhuà

张伟："有朋自远方来，不亦乐乎。"高桥，你学过
"Yǒu péng zì yuǎnfāng lái, bú yì lè hū." Gāoqiáo, nǐ xuéguo

《论语》吗?
《Lúnyǔ》ma?

高桥：我上高中的时候，在语文课上学过一点儿。
Wǒ shàng gāozhōng de shíhou, zài yǔwén kè shàng xuéguo yìdiǎnr.

张伟,《论语》是孔子写的吧?
Zhāng Wěi,《Lúnyǔ》shì Kǒngzǐ xiě de ba?

张伟：这倒不是。《论语》是孔夫子的弟子们编写的
Zhè dào bú shì.《Lúnyǔ》shì Kǒng fūzǐ de dìzǐmen biānxiě de

孔子的言行录。
Kǒngzǐ de yánxínglù.

高桥：是吗?我一直以为《论语》是孔子写的呢。哎，
Shì ma? Wǒ yìzhí yǐwéi《Lúnyǔ》shì Kǒngzǐ xiě de ne. Āi,

孔子的家乡在山东曲阜，是不是?
Kǒngzǐ de jiāxiāng zài Shāndōng Qūfù, shì bú shì?

张伟：是的。曲阜是春秋时代鲁国的古都，那里保留着
Shì de. Qūfù shì Chūnqiū Shídài Lǔguó de gǔdū, nàlǐ bǎoliúzhe

中国最大的孔庙、孔府、孔林。
Zhōngguó zuì dà de Kǒngmiào、Kǒngfǔ、Kǒnglín.

高桥：我在高中还学过唐诗，现在能用汉语背诵几
Wǒ zài gāozhōng hái xuéguo tángshī, xiànzài néng yòng Hànyǔ bèisòng jǐ

首呢。
shǒu ne.

张伟：真的！你背给我听听。我洗耳恭听。
Zhēn de! Nǐ bèi gěi wǒ tīngting. Wǒ xǐ'ěr gōngtīng.

高桥：朝辞白帝彩云间，千里江陵一日还。
Zhāo cí Báidì cǎiyún jiān, qiān lǐ Jiānglíng yí rì huán.

两岸猿声啼不住，轻舟已过万重山。
Liǎng'àn yuánshēng tí bú zhù, qīngzhōu yǐ guò wànchóng shān.

张伟：不错！这是李白写的《早发白帝城》。
Búcuò! Zhè shì Lǐ Bái xiě de 《Zǎo Fā Báidìchéng》.

高桥：李白和杜甫是唐代最有名的诗人。
Lǐ Bái hé Dù Fǔ shì Táng dài zuì yǒumíng de shīrén.

张伟：李白是浪漫主义诗人，被称为"诗仙"。杜甫是
Lǐ Bái shì làngmàn zhǔyì shīrén, bèi chēngwéi "shīxiān". Dù Fǔ shì

现实主义诗人，被称为"诗圣"。
xiànshí zhǔyì shīrén, bèi chēngwéi "shīshèng".

高桥：你觉得他们俩谁的诗好呢？
Nǐ juéde tāmen liǎ shéi de shī hǎo ne?

张伟：这很难回答。风格不一样，但每一首诗都像
Zhè hěn nán huídá. Fēnggé bù yíyàng, dàn měi yì shǒu shī dōu xiàng

一幅美丽的图画，都充满着诗情画意。
yì fú měilì de túhuà, dōu chōngmǎnzhe shīqíng huàyì.

高桥：啊，想起来了。初中的时候，我还在语文课本
À, xiǎng qǐlái le. Chūzhōng de shíhou, wǒ hái zài yǔwén kèběn

上读了鲁迅写的小说《故乡》。
shàng dúle Lǔ Xùn xiě de xiǎoshuō 《Gùxiāng》.

张伟：鲁迅是中国伟大的文学家、思想家和革命家。
Lǔ Xùn shì Zhōngguó wěidà de wénxuéjiā, sīxiǎngjiā hé gémìngjiā.

年轻的时候，他来日本留过学。
Niánqīng de shíhou, tā lái Rìběn liúguo xué.

高桥：鲁迅曾经来日本留过学？明年去中国留学
Lǔ Xùn céngjīng lái Rìběn liúguo xué? Míngnián qù Zhōngguó liúxué

时，我一定像鲁迅先生那样努力学习。
shí, wǒ yídìng xiàng Lǔ Xùn xiānsheng nàyàng nǔlì xuéxí.

中国文学

中国知識と語句注釈

有朋自远方来，不亦乐乎。 朋(とも)有り遠方より来たる．また楽しからずや。友だちが遠方から訪ねて来る，何と楽しいことではないか。『論語』の冒頭"子曰，学而时习之，不亦说乎"(子(し)曰(いわ)く，学びて時にこれを習う，また説(よろこ)ばしからずや)に続く言葉。

《论语》 『論語(ろんご)』。孔子の弟子たちがまとめた孔子の言行録。儒教の基本経典の1つ。

孔子 孔子(こうし)。前551年〜前479年。春秋時代の思想家。儒教の祖。

孔夫子 孔夫子(こうふうし)。孔子先生。

言行录 言行録。言動の記録。

山东曲阜 山東(さんとう)省の曲阜(きょくふ)市。孔子の生地で，春秋時代の魯の国の都。

春秋时代 春秋(しゅんじゅう)時代。前770年〜前476年。

鲁国 魯(ろ)の国。周の時代の国名。前1055年〜前249年。都は曲阜。孔子の生まれた国。

孔庙 孔廟(こうびょう)。孔子廟。孔子を祭った霊廟。

孔府 孔府(こうふ)。孔子の旧居。

孔林 孔林(こうりん)。孔子家代々の墓。

唐诗 唐詩(とうし)。唐代の詩。

洗耳恭听 耳を洗って恭しく聴く。謹んで拝聴する。

朝辞白帝彩云间，千里江陵一日还。两岸猿声啼不住，轻舟已过万重山。 朝(あした)に辞す白帝彩雲の間，千里の江陵一日にして還(かえ)る。両岸の猿声啼(な)きやまず，軽舟すでに過ぐ万重の山。朝早く美しい雲のたなびく白帝城を出発し，千里離れた江陵まで1日で帰る。両岸の猿の声が鳴きやまず，私の乗る軽い舟は幾重にも重なる山をすでに通り過ぎていた。白帝城は四川省の城。江陵は湖北省の町。

李白 李白(りはく)。701年〜762年。唐代のロマン主義の詩人。酒を好み豪放かつ自由なふるまいが多かった。天才的詩人で，詩仙と呼ばれる。

《早发白帝城》 『早(つと)に白帝城(はくていじょう)を発(はっ)す』。李白の詩の題名。

杜甫 杜甫(とほ)。712年〜770年。唐代の現実主義の詩人。政治や社会に関心が深かった。叙事詩に長じ，詩聖と呼ばれる。

唐 唐(とう)。⇒20頁。

诗仙 詩仙(しせん)。詩の仙人。

诗圣 詩聖(しせい)。詩の聖人。

诗情画意 詩歌や絵画の境地。情趣ある美しさを指す。

鲁迅 魯迅(ろじん)。1881年〜1936年。本名は周樹人。中国近現代文学の創始者。封建社会や帝国主義に抵抗し，中国解放運動の精神的支柱となった。『狂人日記』『阿Q正伝』などの小説が有名。

《故乡》 『故郷(こきょう)』。魯迅が1921年に書いた小説。

文法と用例

1. "倒 dào" の用法

墙上倒贴着"福"字。　Qiáng shàng dào tiēzhe "fú" zì.

你快给客人倒一杯茶。　Nǐ kuài gěi kèrén dào yì bēi chá.

这所学校入学难，可毕业倒不难。
Zhè suǒ xuéxiào rùxué nán, kě bìyè dào bù nán.

発展 "倒 dǎo"

他病倒了。　　　Tā bìngdǎo le.

去那儿不用倒车。　Qù nàr búyòng dǎochē.

2. "一直" の用法

从这儿一直往前走就到。　　　Cóng zhèr yìzhí wǎng qián zǒu jiù dào.

上大学后，他的成绩一直很好。　Shàng dàxué hòu, tā de chéngjì yìzhí hěn hǎo.

3. "给" の用法

我给你一张票。　Wǒ gěi nǐ yì zhāng piào.

我给你介绍一下。　Wǒ gěi nǐ jièshào yíxià.

请给我看看。　Qǐng gěi wǒ kànkan.

鱼给猫偷吃了。　Yú gěi māo tōu chī le.

第十六课　中国　文学
Dì- shíliù　kè　　Zhōngguó Wénxué

阅读
Yuèdú

鲁　迅　《藤野　先生》
Lǔ　Xùn　《Téngyě Xiānsheng》

到　第二　学年　的　终结，我　便　去　寻　藤野　先生，告诉
　　　　　　xuénián　　zhōngjié　　　biàn　　xún　　　　　　　　gàosu

他　我　将　不　学　医学，并且　离开　这　仙台。他　的　脸色　仿佛
　　　　jiāng　　　yīxué　bìngqiě　líkāi　　Xiāntái　　　　liǎnsè fǎngfú

有些　悲哀，似乎　想　说话，但　竟　没有　说。
yǒuxiē bēi'āi　sìhū xiǎng shuōhuà dàn jìng　　　shuō

"我　想　去　学　生物学，先生　教　给　我　的　学问，也　还
　　　　　　　shēngwùxué　　jiāo gěi　　　　xuéwen

有用　的。"其实　我　并　没有　决意　要　学　生物学，因为　看　得
yǒuyòng　qíshí　　bìng　　　juéyì yào　　　　　　yīnwèi kàn de

他　有些　凄然，便　说了　一　个　慰安　他　的　谎话。
　　　　qīrán　　　　　　　　　wèi'ān　　　huǎnghuà

"为　医学　而　教　的　解剖学　之类，怕　于　生物学　也　没有
wèi　　　　ér　　　　　jiěpōuxué zhīlèi　pà　yú

什么　大　帮助。"他　叹息　说。
　　　　bāngzhù　　tànxī

将　走　的　前　几　天，他　叫　我　到　他　家　里　去，交
　　zǒu　　qián jǐ tiān　　jiào　　　　　jiā lǐ　　jiāo

给　我　一　张　照相，后面　写着　两　个　字　道："惜别"，还
　　　　　zhāng zhàoxiàng hòumiàn xiězhe　　　　zì dào　xībié

说　希望　将　我　的　也　送　他。但　我　这　时　适值　没有　照相
　　xīwàng　　　　　　　　sòng dàn　　　　shí shìzhí

了；他便叮嘱我将来照了寄给他，并且时时通信告诉他此后的状况。

我离开仙台之后，就多年没有照过相，又因为状况也无聊，说起来无非使他失望，便连信也怕敢写了。经过的年月一多，话更无从说起，所以虽然有时想写信，却又难以下笔，这样的一直到现在，竟没有寄过一封信和一张照片。从他那一面看起来，是一去之后，杳无消息了。

但不知怎地，我总还时时记起他，在我所认为我师的之中，他是最使我感激，给我鼓励的一个。有时我常常想：他的对于我的热心的希望，不倦的教诲，小而言之，是为中国，就是希望中国有新的医学；大而言之，是为学术，就是希望新的医学传到中国去。他的性格，在我的眼里和心里是伟大的，虽然他的姓名并不为许多人所知道。

中国文学　65

中国知識と語句注釈

鲁迅　魯迅(ろじん)。⇒62頁。

《藤野先生》　『藤野先生(ふじのせんせい)』。魯迅が1926年に書いた小説。日本留学中のことを描いている。魯迅は1902年日本に留学し、1904年から2年間仙台医学専門学校で医学を学んだ。藤野先生は、その学校で解剖学の講義を担当した教官。藤野厳九郎。

终结　終結。終わり。

寻　さがす。尋ねる。

仙台　仙台(せんだい)。宮城県の県庁所在地。

看得他有些凄然　彼がいささかもの悲しそうに見えた。

慰安　慰め安心させる。普通は"安慰 ānwèi"と言う。

之类　…の類(たぐい)。…のようなもの。

怕　おそらく。

于　…において。

照相　写真。普通は"照片 zhàopiàn"と言う。"照相"は普通「写真を撮る」。

道　言う。述べる。

适值　ちょうど(…にあたる)。時あたかも。

照了　(写真を)撮ったら。

无非　ただ…だけだ。…にほかならない。

怕敢　…する勇気がない。

无从说起　話し始めるすべがない。何から話していいか分からない。

难以　…し難い。…しにくい。

下笔　筆を下ろす。書き始める。

从他那一面看起来　彼の側から見てみると。

杳无　杳(よう)としてない。影も形もない。

不知怎地　なぜだか分からないが。

记起　思い出す。

我师　わが師。

不倦的教诲　倦(う)まずたゆまない教え。

小而言之　小さくこれを言えば。

大而言之　大きくこれを言えば。

文法と用例

1. "认为"と"以为"

我认为你的意见是对的。　　Wǒ rènwéi nǐ de yìjiàn shì duì de.

我以为你的意见是对的呢。　Wǒ yǐwéi nǐ de yìjiàn shì duì de ne.

2. "動詞+给"

交给　　jiāo gěi

递给　　dì gěi

寄给　　jì gěi

还给　　huán gěi

3. 受身"为…所～"

为人所笑　　　　　wéi rén suǒ xiào

为人们所欢迎　　　wéi rénmen suǒ huānyíng

为许多人所知道　　wéi xǔduō rén suǒ zhīdào

中国文学

第十五課と第十六課の重要単語

（　）内に単語を書きなさい。

名詞

（　　　）gāozhōng　　　高校。

（　　　）yǔwén　　　（教科としての）国語。

（　　　）kèběn　　　教科書。テキスト。

（　　　）liǎnsè　　　顔色。

（　　　）huǎnghuà　　　うそ。偽り。

（　　　）bāngzhù　　　援助。助け。

（　　　）xìn　　　手紙。

（　　　）xiāoxi　　　便り。音信。

動詞

（　　　）xiě　　　書く。

（　　　）bèi　　　暗誦する。

（　　　）gàosu　　　告げる。知らせる。

（　　　）líkāi　　　離れる。

（　　　）shuōhuà　　　話をする。

（　　　）jiāo　　　渡す。手渡す。

（　　　）jì　　　郵送する。

（　　　）gǔlì　　　励ます。

形容詞

（　　　）búcuò　　　すばらしい。

（　　　）niánqīng　　　若い。

その他

（　　　）yìzhí　　　副 ずっと。

（　　　）liǎ　　　数量 2人。2つ。

（　　　）céngjīng　　　副 かつて。

（　　　）yīnwèi/yīnwei　　　接 …なので。

（　　　）chángcháng　　　副 しばしば。よく。

第十五課と第十六課の練習

練習1 （　）内に適当な語句を入れなさい。

① （　　　　）自远方来，不亦乐乎。
② 《（　　　　）》是孔子的言行录。
③ 唐代浪漫主义诗人（　　　　）被称为"诗仙"。
④ 唐代现实主义诗人（　　　　）被称为"诗圣"。
⑤ 《藤野先生》是（　　　　）写的小说。

練習2 日本語に訳しなさい。

① 关于他们俩最近的情况，我以为你早就很清楚呢。
Guānyú tāmen liǎ zuìjìn de qíngkuàng, wǒ yǐwéi nǐ zǎojiù hěn qīngchu ne.

② 我还没把上个月借的钱还给你呢。
Wǒ hái méi bǎ shàng ge yuè jiè de qián huán gěi nǐ ne.

③ 别动了，我给你照张相。
Bié dòng le, wǒ gěi nǐ zhào zhāng xiàng.

④ 为大家的汉语进步，干杯！
Wèi dàjiā de Hànyǔ jìnbù, gānbēi!

⑤ 李白的诗为许多中国人所喜爱。
Lǐ Bái de shī wéi xǔduō Zhōngguórén suǒ xǐ'ài.

ピンインなしで読んでみよう

第一课　　中国概况（会话）

张伟：高桥美穗，你好！欢迎，欢迎！

高桥：张伟，好久不见了！我来看看你。

张伟：高桥，听说你打算明年去中国留学，是吗？

高桥：是的。你是怎么知道的？

张伟：我是听你的老师说的。

高桥：是吗？不过我对中国还不太了解，请你多多指教。

张伟：哪里，哪里，我们互相学习吧。

高桥：去年暑假我跟爸爸一块儿去北京和西安玩儿了一个星期，开心极了。

张伟：关于北京，你都知道什么？

高桥：北京是中国的首都，也是中国政治、经济、文化的中心。

张伟：那么你知道中国一共有多少个省吗？

高桥：二十三个。中国还有四个直辖市和五个自治区。

张伟：你知道得不少啊！

高桥：过奖，过奖，以后我还得多向你请教。

张伟：彼此，彼此，你什么时候有空就什么时候来找我吧。

高桥：谢谢张伟。我得走了。再见！

第二课　　中国概况（阅读）

中华人民共和国位于亚洲东部，太平洋西岸。面积大约有九百六十万平方公里，是日本的二十六倍。中国和日本是一衣带水的邻邦。

中国全国共有北京、上海、天津、重庆四个直辖市，河北、辽宁、福建、湖南等二十三个省，内蒙古、宁夏、新疆、广西、西藏五个自治区。

中国的名山大川极多。有被称为"世界屋脊"的喜马拉雅山，著名的五岳，还有风景秀丽的黄山、庐山等。五岳是中国历史上有名的五大名山，其中泰山最有名。据说秦始皇、汉武帝等历代王朝的很多皇帝都爬过泰山。它位于山东省。黄山、庐山分别在安徽省和江西省。中国的第一大河是长江，其次是黄河。它们都发源于中国西部的青海省。此外，还有黑龙江、松花江、淮河、珠江、雅鲁藏布江等。

第三课　　　北京（会话）

张伟：高桥，你和你爸爸去北京的时候都参观了什么地方？

高桥：天安门广场、故宫博物院、颐和园、万里长城、十三陵等等。

张伟：看到天安门广场，你觉得怎么样？

高桥：去中国前，我只在照片和电视上看过天安门广场。真没想到那么雄伟壮观。

张伟：故宫也叫紫禁城，是明、清两代皇帝的宫殿。你对故宫的印象怎么样？

高桥：故宫非常壮丽，规模很大。可是那时候由于时间的关系，我们只能走马观花地看了看。

张伟：长城是地球上规模最大的建筑物，听说全长有一万二千多里。

高桥：真够长的！怪不得叫万里长城。

张伟：第一次看到长城，你有什么感受呢？

高桥：怎么说好呢？亲眼看到了那雄伟的长城，我非常感动。

张伟：爬长城时，你累不累？

高桥：累是有点儿累，可自己终于爬上了长城，我高兴得跳起来了。

张伟：你爸爸以前爬过长城吗？

高桥：他爬过好几次。你看，这是我在长城给他拍的照片。

张伟：哟，看起来，你爸爸挺精神的。

高桥：照相时，他还说"不到长城非好汉"呢。

第四课　　北京（阅读）

　　北京是中国历史最悠久的古都之一。北京市区以雄伟壮观的天安门广场为中心。广场中央耸立着人民英雄纪念碑，南边有毛主席纪念堂，西边是人民大会堂，东边是中国国家博物馆。广场北边就是天安门。

　　一九四九年十月一日毛泽东主席在天安门城楼上宣布了中华人民共和国成立。那时毛主席亲手升起了第一面中国国旗——五星红旗。每年十月一日中国人民都隆重地庆祝国庆节。

　　北京的名胜古迹甚多。除了世界闻名的万里长城以外，还有故宫、颐和园、天坛公园、香山等。去北京旅游最好是秋天。香山的红叶很美丽。这个季节秋高气爽，叫人舒服。

　　另外，北京大学、清华大学等重点大学与其他许多研究机构也在北京。

第五课　　西安（会话）

张伟：在西安旅游时，你印象最深的是什么？

高桥：那还用说！当然是秦始皇兵马俑啊！

张伟：秦始皇兵马俑的发现轰动了全世界，被誉为"世界第八大奇迹"。

高桥：那儿到底有多少兵马俑？

张伟：大概有六千多件。跟真人、真马一样大小的陶人、陶马排列得整整齐齐。

高桥：到底还是秦始皇，太伟大了！

张伟：大雁塔和碑林也参观了吗？

高桥：都参观了。我们还去了小雁塔。那儿参观的人不太多，环境比大雁塔幽静一点儿。

张伟：据说大雁塔是为了保存玄奘从印度取回来的经籍而修建的。

高桥：玄奘是《西游记》里的唐僧吗？

张伟：是的。碑林收藏着从汉代到清代的名家手笔石碑，可以说是中国古代书法艺术的宝库。

高桥：因为我对书法感兴趣，所以去碑林参观真让我大饱眼福了。

张伟：你们没去华清池吗？

高桥：很遗憾，没去。要是有机会，我想冬天去华清池像杨贵妃一样洗温泉！

第六课　　西安（阅读）

西安是陕西省的省会，古称长安，是中国七大古都之一。从公元前十一世纪起，先后有西周、秦、西汉、隋、唐等十多个王朝在此地建都。在唐代，长安是世界上最繁华的国际都市，也是"丝绸之路"的起点。

西安现在是代表中国的旅游城市。堪称"世界第八大奇迹"的秦始皇兵马俑不但吸引了中国各地的游客，而且也吸引了世界各地的游客。

此外，还有大雁塔、碑林、华清池等，都值得参观。华清池是陕西省有名的温泉之一。据说唐玄宗每年和他宠爱的杨贵妃一起来这里过冬。

西安以其古色古香的魅力成为中外旅客向往的地方。

第七课　　少数民族（会话）

张伟：你知道不知道中国一共有多少民族？

高桥：五十六个。除了汉族以外，还有五十五个少数民族。

张伟：人口最多的是汉族。你知不知道汉族人口占中国总人口的百分之多少？

高桥：汉族人口占百分之九十以上。

张伟：那么中国有哪些少数民族？你能回答出来吗？

高桥：有蒙古族、回族、维吾尔族、壮族、藏族……，还有苗族、朝鲜族等。少数民族的语言你听得懂吗？

张伟：当然听不懂。不过你放心。除了自己的语言，他们都还会讲汉语。

高桥：哦，是这样。张伟，你去过少数民族自治区吗？

张伟：我去过一次乌鲁木齐。乌鲁木齐是新疆维吾尔自治区的首府。

高桥：听说维吾尔族人的服装特别漂亮。

张伟：是啊！他们还喜欢戴小花帽。衣服、帽子都挺漂亮的。

高桥：对了，我还听说维吾尔族人不吃猪肉，是真的吗？

张伟：是真的。不光维吾尔族人，回族人也不吃猪肉。

高桥：那是为什么呢？

张伟：他们都信仰伊斯兰教。凡是信仰伊斯兰教的民族都不吃猪肉。

高桥：越听越有意思。关于中国少数民族，我想仔细研究一下。

第八课　　　少数民族（阅读）

　　中国是个多民族国家。各民族中，汉族人口最多，占全国总人口的百分之九十以上。其他五十五个民族统称为少数民族。少数民族人口虽然不多，但是他们遍及全国各地。他们与汉族人共同生活和劳动，形成一个统一和睦的大家庭。

　　中国也有少数民族比较集中的地方。如内蒙古自治区、宁夏回族自治区、新疆维吾尔自治区、广西壮族自治区、西藏自治区。

　　少数民族在衣食方面很有特点。他们多数穿着漂漂亮亮的衣服。如果你有一定的知识，一看他们的服装就能看出来是哪个民族。回族、维吾尔族不吃猪肉，所以中国的城市到处有清真餐厅。每个民族都应该尊重其他民族的生活习惯。

第九课　　中国菜（会话）

张伟：高桥，这张照片是在北京全聚德拍的吗？你是在吃北京烤鸭吧？

高桥：是的。北京烤鸭是最有名的北京菜。

张伟：你在日本国内也吃过烤鸭吗？

高桥：以前我跟父母一起去中国饭馆吃过一次。但太贵了，一般吃不起。

张伟：你觉得在日本吃的烤鸭好吃，还是在中国吃的烤鸭好吃？

高桥：在中国吃的比在日本国内吃的又便宜又好吃。

张伟：可不是嘛！哎，中国的北方菜和南方菜味道上有什么区别，你知道吗？

高桥：这我知道。一般来说，北方菜比较油腻，稍微咸一点儿。南方菜清淡，稍甜点儿。

张伟："南甜北咸，东辣西酸"嘛！

高桥：张伟，你刚才说的"东辣西酸"的"东"和"西"指的是东部和西部吗？

张伟："东"和"西"分别指山东和山西。山东人喜欢吃辣的，山西人爱吃酸的。

高桥：哦，原来是这样。不过四川菜比山东菜更辣，是不是？

张伟：是啊！以前去成都时，我吃过地道的四川菜。那时吃的麻婆豆腐真辣死我了！

高桥：我还在书上看过中国南方有"龙虎斗"什么的。

张伟："龙虎斗"是有名的广东菜的名字。"龙虎"实际上指的是蛇和猫。那是用蛇肉和猫肉做的菜，可我没吃过。

高桥：连蛇和猫都吃吗？人们说"食在广州"，真是一点儿也不假。

第十课　　中国菜（阅读）

中国的食文化拥有悠久的历史。中国幅员辽阔，由于地域的不同，菜的风味也不一样。一般来说，北方菜油腻，较咸，而南方菜则清淡，带点甜味。关于主食，北方以面食为主，南方以米饭为主。

中国的传统名菜数不胜数。北京烤鸭、涮羊肉是数得着的北京菜。天津的"狗不理"包子、广东的"龙虎斗"等都是久负盛名的。四川菜可以说是世界上最辣的菜之一。如果有机会去四川吃正宗的川菜，你就一定会体验到什么叫"辣"。

中国有特色的食品种类多得很。街上卖的馒头、面条、水饺、馄饨、油条、羊肉串等，既便宜又好吃。

第十一课　　旅游胜地（会话）

张伟：高桥，明年去中国留学时，你可以去很多地方旅游。

高桥：是啊！到时候我一定要走遍全国各地。想一想就兴奋，晚上有时睡不着觉呢。

张伟：到中国后，你首先想去哪些地方？

高桥：首先想去苏州和杭州。听说苏杭风景很美。

张伟："上有天堂，下有苏杭"嘛！苏州市内到处有代表宋、元、明、清历代园林艺术的名园。郊区还有有名的寒山寺。

高桥：听说有人把杭州的西湖比作美丽的少女，西湖真的那么好看吗？

张伟：是很好看。春天的西湖特别美丽。

高桥：对了，我还想去广西的桂林游览漓江。

张伟：清澈见底的漓江两岸屹立着怪石奇峰，好像是一幅山水画似的。

高桥：难怪人们都说"桂林山水甲天下"。

张伟：中国还有很多很有特点的城市。比如黑龙江的哈尔滨被称为"冰城"，云南的昆明被称为"春城"。

高桥：哈尔滨的冬天很冷吧？

张伟：最冷的时候零下三十多度，冷得要命。

高桥：昆明为什么叫"春城"？

张伟：昆明四季如春，连冬天也比较暖和，所以叫"春城"。到了昆明，你可以顺便去石林观光。

高桥：冬天我想去哈尔滨，也想去昆明。张伟，你说我该怎么办呢？

第十二课　　旅游胜地（阅读）

苏州在江苏省，名胜古迹举不胜举，古典园林星罗棋布。杭州是浙江省的省会，也是中国屈指可数的风景城市。宋代诗人苏东坡赞美西湖的诗句"欲把西湖比西子，淡妆浓抹总相宜"，流传至今。苏杭风景如画，使许多游客流连忘返。人们把苏杭之美誉为"人间天堂"。

桂林景色优美，享有"桂林山水甲天下"的声誉。自古以来，人人称赞桂林山水为"人间仙境"。

哈尔滨冬季白雪皑皑，滴水成冰，所以叫"冰城"。昆明四季如春，不冷不热，故称"春城"。

除此之外，中国还有许多独具特色的城市。到中国各地旅行，你一定会大开眼界的。

第十三课　　传统节日（会话）

张伟：高桥，你猜猜今天是什么日子？

高桥：啊，差点儿忘了。今天是春节！

张伟：过年好！今天是中国农历一月一号。

高桥：过年好！欸，张伟，你在墙上倒贴着"福"字，这是怎么回事？要是被人看见了，多不好意思啊！

张伟：你看到那个字后想说什么？

高桥："福"倒了。……啊，明白了，"福"到了！

张伟：过年时，中国人在门上倒贴"福"字，想让人说一句"福到了"。

高桥：原来是这么回事。中国人过春节时吃饺子，是吧？

张伟：是的。饺子的形状很像元宝，所以饺子象征着钱。过春节时，中国人还喜欢吃鱼和鸡。

高桥：鱼和鸡？这到底是为什么？

张伟："鱼"和"余"的发音一样，"鸡"和"吉"的发音也差不多。这些东西都象征着生活富裕，年年有余，年年大吉。

高桥：这都取个吉利吧？我还知道春节时孩子们喜欢放鞭炮。

张伟：不光孩子，大人也喜欢放。

高桥：大人也喜欢放？这究竟是为什么呢？

张伟：因为我们中国人都觉得只有放鞭炮才能有过年的气氛。

高桥：原来是这样。看来，每个民族过年的习惯都不一样。

第十四课　　传统节日（阅读）

中国人的传统节日都是按照阴历来过的。

阴历正月初一是春节，是中国最盛大的传统节日。春节比阳历的元旦热闹多了。春节前人们把房子打扫得干干净净，墙上贴上新年画，门上贴上新春联，准备迎接新年。大年三十晚上全家人都聚在一起热热闹闹地吃丰盛的年夜饭。春节时，人们穿上新衣服，到亲戚、朋友家拜年。大人还给孩子们压岁钱。

春节的夜晚，天空中看不见月亮，本来应该是外头漆黑漆黑的。之后过十五天才能看见一年里头第一个望月。阴历正月十五就是元宵节。这一天人们吃元宵。

端午节是阴历五月初五。相传战国时代楚国的爱国主义诗人屈原在这天投江自杀了。后来，人们为了纪念他而开始在这一天吃粽子、举行赛龙船活动等。端午节吃粽子的习惯也传到了日本。

中秋节是仅次于春节的大节日。阴历八月十五的晚上一轮大大的月亮高高地挂在夜空，人们就坐在院子里，一边观赏月亮，一边吃月饼。中秋的月亮特别明亮格外圆。此时，人们思念在远方的亲人，远离故乡的人也会"举头望明月，低头思故乡"的。

少数民族还庆祝他们独特的节日，如傣族的泼水节、彝族的火把节等。泼水节的时候，傣族人先用清水把佛像洗干净，然后把脸盆里的水泼向最心爱的人，以表示敬意与情爱。

第十五课　　中国文学（会话）

张伟：“有朋自远方来，不亦乐乎。”高桥，你学过《论语》吗？

高桥：我上高中的时候，在语文课上学过一点儿。张伟，《论语》是孔子写的吧？

张伟：这倒不是。《论语》是孔夫子的弟子们编写的孔子的言行录。

高桥：是吗？我一直以为《论语》是孔子写的呢。哎，孔子的家乡在山东曲阜，是不是？

张伟：是的。曲阜是春秋时代鲁国的古都，那里保留着中国最大的孔庙、孔府、孔林。

高桥：我在高中还学过唐诗，现在能用汉语背诵几首呢。

张伟：真的！你背给我听听。我洗耳恭听。

高桥：朝辞白帝彩云间，千里江陵一日还。

两岸猿声啼不住，轻舟已过万重山。

张伟：不错！这是李白写的《早发白帝城》。

高桥：李白和杜甫是唐代最有名的诗人。

张伟：李白是浪漫主义诗人，被称为"诗仙"。杜甫是现实主义诗人，被称为"诗圣"。

高桥：你觉得他们俩谁的诗好呢？

张伟：这很难回答。风格不一样，但每一首诗都像一幅美丽的图画，都充满着诗情画意。

高桥：啊，想起来了。初中的时候，我还在语文课本上读了鲁迅写的小说《故乡》。

张伟：鲁迅是中国伟大的文学家、思想家和革命家。年轻的时候，他来日本留过学。

高桥：鲁迅曾经来日本留过学？明年去中国留学时，我一定像鲁迅先生那样努力学习。

第十六课　中国文学（阅读）

鲁迅《藤野先生》

　　到第二学年的终结，我便去寻藤野先生，告诉他我将不学医学，并且离开这仙台。他的脸色仿佛有些悲哀，似乎想说话，但竟没有说。

　　"我想去学生物学，先生教给我的学问，也还有用的。"其实我并没有决意要学生物学，因为看得他有些凄然，便说了一个慰安他的谎话。

　　"为医学而教的解剖学之类，怕于生物学也没有什么大帮助。"他叹息说。

　　将走的前几天，他叫我到他家里去，交给我一张照相，后面写着两个字道："惜别"，还说希望将我的也送他。但我这时适值没有照相了；他便叮嘱我将来照了寄给他，并且时时通信告诉他此后的状况。

　　我离开仙台之后，就多年没有照过相，又因为状况也无聊，说起来无非使他失望，便连信也怕敢写了。经过的年月一多，话更无从说起，所以虽然有时想写信，却又难以下笔，这样的一直到现在，竟没有寄过一封信和一张照片。从他那一面看起来，是一去之后，杳无消息了。

　　但不知怎地，我总还时时记起他，在我所认为我师的之中，他是最使我感激，给我鼓励的一个。有时我常常想：他的对于我的热心的希望，不倦的教诲，小而言之，是为中国，就是希望中国有新的医学；大而言之，是为学术，就是希望新的医学传到中国去。他的性格，在我的眼里和心里是伟大的，虽然他的姓名并不为许多人所知道。

読む辞典
（小辞典兼索引）

　ここには，本書に出てくる重要語のほとんどをアルファベット順に並べ，品詞と意味のほか，必要に応じて簡単な用例や説明を加えました。その語に関しての発展的な知識として，本書で扱った用法以外について取り上げたものもあります。用例の中には，本書に出てこない簡単な語も取り上げました。「読む辞典」を予習・復習に利用して，読みながら知識を定着・発展させてください。

　本書の「中国知識と語句注釈」に挙げた語句には固有名詞や成語，中国に関するものや難解なものが多いので，必ずしも「読む辞典」に収録していません。

　／を用いて2通りのピンインを示した語は，どちらで発音してもかまいません。

　意味の後ろにある［　］内の数字は，その語の初出の頁を示します。

　★の後ろに挙げたのは用例です。●の後ろはその語や用例に関する説明です。

　用例で，"对啊。""谁啊?""多好啊！"のように末尾に"。""?""！"の記号を加えたものは文です。"杯子""一杯茶"のように末尾に何も記号を加えていないものは語またはフレーズです。

　用例のピンイン中の ～ には，見出し語のピンインを入れて読んでください。

　品詞の略号については，次のようになっています。

名	名詞	動	動詞
形	形容詞	代	代詞（代名詞など）
疑	疑問詞	副	副詞
数	数詞	量	量詞（助数詞）
方	方位詞	介	介詞（前置詞）
助動	助動詞	助	助詞
接	接続詞	数量	数量詞
感	感嘆詞	接頭	接頭辞
接尾	接尾辞		

A

à 啊 感 何かに気付いたことを表す。[51] ★啊，明白了。 ~, míngbai le.（あっ，分かった。）

a 啊 助 驚き・肯定・疑問などの語気を表す。[2] ●直前の音節の母音の影響で"呀 ya""哇 wa""哪 na"に変化することがある。また，文末の"了 le"に結合して"啦 la"に変化することがある。★多好啊！Duō hǎo ~!（何といいんだ！）★对啊。Duì ~.（そうだよ。）★谁啊? Shéi ~?（誰なの？）

āi 哎 感 注意喚起を表す。[34] ★哎，你知道吗? ~, nǐ zhīdào ma?（ねえ，知ってる？）

ài 爱 動 ①愛する。②（…するのが）好きだ。[35] ★他爱吃辣的。Tā ~ chī là de.（彼は辛い食べ物が好きだ。）③…しがちだ。★她爱哭。Tā ~ kū.（彼女は泣き虫だ。）

àiguó 爱国 動 国を愛する。[55] ★爱国主义 ~ zhǔyì（愛国主義）

àiren 爱人 名 夫。妻。配偶者を指す。[8] ★他爱人 tā ~（彼の奥さん）★她爱人 tā ~（彼女のご主人）

àn 岸 名 岸。[4] ★西岸 xī ~（西岸）★两岸 liǎng' ~（両岸）

ānwèi 安慰 動 慰める。[66]

ànzhào 按照 介 …に照らして。…によって。[54] ★按照阴历过节日 ~ yīnlì guò jiérì（旧暦によって祝祭日を祝う）

B

bǎ 把 動 握る。介 …を。[37] ★请把门关上。Qǐng ~ mén guānshàng.（ドアを閉めてください。）★把我热死了 ~ wǒ rèsǐ le（暑くてたまらない） 量 傘・鍵・椅子など握って使うものを数える。[50] ★一把伞 yì ~ sǎn（1本の傘）★这把钥匙 zhè ~ yàoshi（この鍵）★一把椅子 yì ~ yǐzi（1脚の椅子）

ba 吧 助 提案・推量・命令などの語気を表す。[1] ★一块儿走吧。Yíkuàir zǒu ~.（一緒に出かけましょう。）★是吧? Shì ~?（そうでしょう？）★请喝茶吧。Qǐng hē chá ~.（お茶をお飲みください。）

bàba 爸爸 名 父。お父さん。[1]

bái 白 形 白い。[46] ★白色 ~ sè（白色）★白雪皑皑 ~ xuě ái'ái（雪が真っ白に降り積もった様子） 副 ①無駄に。★白跑了一趟 ~ pǎole yí tàng（無駄足を踏んだ）②ただで。★白吃白喝 ~ chī ~ hē（ただで飲み食いする）

bǎi 百 数 百。[4] ★一百 yì ~（百）★二百 èr ~（2百）

bàinián 拜年 動 新年の挨拶をする。[54] ★给朋友拜年 gěi péngyou ~（友人に新年の挨拶をする）

bān 搬 動 運ぶ。[50] ★搬椅子 ~ yǐzi（椅子を運ぶ）★搬进去 ~ jìnqù（運び込む）★搬家 ~ jiā（引っ越しをする）

bàn 办 動 する。[3] ★怎么办? Zěnme ~?（どうしよう？）★办手续 ~ shǒuxù（手続きをする）★办法 ~ fǎ（方法，やり方）

bàng 棒 名 棒。★棒球 ~ qiú（野球） 形 （体力や能力が）すばらしい。[33] ★太棒了！Tài ~ le!（大したものだ！）★他打棒球打得很棒。Tā dǎ bàngqiú dǎ de hěn ~.（彼の野球の腕前はすごい。）

bāngmáng 帮忙 動 助ける。手伝う。[3] ●"帮"と"忙"に分離することがある。★我去帮忙。Wǒ qù ~.（手伝いに行きます。）★帮你忙 bāng nǐ máng（あなたを手伝う）★帮帮忙 bāngbang máng（ちょっと手伝う）★帮不上忙 bāngbushàng máng（うまく手助けできない）●"帮不上"は可能補語の否定形。

bāngzhù 帮助 動 助ける。手伝う。★帮助妈妈做饭 ~ māma zuò fàn（母の料理を手伝う） 名 助け。援助。[64]

bǎocún 保存 動 保存する。[18] ★保存古迹 ~ gǔjì（古跡を保存する）

bǎokù 宝库 名 宝庫。[19] ★资源的宝库 zīyuán de ~（資源の宝庫）

bǎoliú 保留 動 保つ。残す。[60] ★一直保留着 yìzhí ~zhe（ずっと残している）

bāozi 包子 名 中華饅頭。[38]

bēi 杯 名 コップ。コップに入れた飲み物を数える。[63] ★一杯茶 yì ~ chá（1杯のお茶）★杯子 ~ zi（コップ，グラス）

běi 北 方 北。[35] ★往北走 wǎng ~ zǒu（北に

向かって行く）

bèi 背 名 背中。動 ①背を向ける。②暗誦する。暗記する。[60] ★背一首诗 ～ yì shǒu shī（詩を1首暗誦する）

bèi 倍 量 倍。[4] ★多了一倍 duōle yí ～（1倍増えた，2倍になった）

bèi 被 介（…に）～される。[4] ●受身を表す。★他被老师批评了。Tā ～ lǎoshī pīpíng le.（彼は先生に叱られた。）★他被批评了。Tā ～ pīpíng le.（彼は叱られた。）●「誰々に」の部分は省略可能。

bēi'āi 悲哀 形 悲しい。[64] ★感到悲哀 gǎndào ～（悲しく思う）

běibian 北边 方 北。北側。[13]

běifāng 北方 名 北方。[34] ★北方菜 ～cài（北方料理）★北方话 ～huà（北方方言）

bèisòng 背诵 動 暗誦する。[60] ★背诵唐诗 ～ tángshī（唐詩を暗誦する）

běnlái 本来 形 本来の。副 もともと。本来。[54] ★我本来打算去找你。Wǒ ～ dǎsuàn qù zhǎo nǐ.（もともとあなたを訪ねて行くつもりでした。）

bǐ 比 動 比べる。★比一比 ～ yī（ちょっと腕比べをする）★比赛 ～sài（試合）介 …に比べて。…より。[18] ★他比我大。Tā ～ wǒ dà.（彼は私より年上だ。）

bǐ 笔 名 ペン。筆記用具。[37] ★一支笔 yì ～ bǐ（1本のペン）

biàn 便 副 ①すぐ。すぐに。[64] ②それでは。その場合には。そこで。[64]

biàn 遍 動 ①行きわたる。②補語として，広く行きわたることを表す。[42] ★走遍各地 zǒu～gè dì（各地を歩き回る）量 回。遍。★请再说一遍。Qǐng zài shuō yí ～.（もう1度言ってください。）

biànjí 遍及 動 広く及ぶ。至る所に及ぶ。[30] ★遍及全国 ～ quánguó（全国に広く及ぶ）

biānpào 鞭炮 名 爆竹。[52] ★放鞭炮 fàng ～（爆竹を鳴らす）

biānxiě 编写 動 編纂する。編集する。[60] ★编写教材 ～ jiàocái（教材を編集する）

biǎoshì 表示 動 表す。示す。[55] ★表示感谢 ～ gǎnxiè（感謝を表す）

bǐcǐ 彼此 代 双方。お互い。[2] ★彼此之间 ～ zhījiān（双方の間）★彼此，彼此。～, ～.（お互いさまです。）

bié 别 副 …するな。…してはいけない。[69] ★别说了。～ shuō le.（もう言わないで。）

biérén/biéren 别人 代 ほかの人。他人。[3] ★除了他，别人都去了。Chúle tā, ～ dōu qù le.（彼を除いて，ほかの人はみんな行った。）

bǐjiào 比较 動 比較する。副 比較的。割と。[30] ★比较暖和 ～ nuǎnhuo（割と暖かい）

bìng 并 動 併せる。副 決して。別段。[64] ★这并不难。Zhè ～ bù nán.（これは別に難しくない。）接 かつ。

bìng 病 名 病気。[3] ★他的病好了。Tā de ～ hǎo le.（彼の病気はよくなった。）動 病気になる。[63] ★病了 ～ le（病気になった）

bīngliáng 冰凉 形（氷のように）冷たい。[57] ★冰凉冰凉的手 ～～ de shǒu（冷たい手）

bìngqiě 并且 接 そのうえ。さらに。[64]

bǐrú 比如 動 例えば。[43] ★比如包子、饺子等 ～ bāozi, jiǎozi děng（例えば中華饅頭，ギョーザなど）

bìyè 毕业 動 卒業する。[63] ●"毕"と"业"に分離することがある。★他是北京大学毕业的。Tā shì Běijīng Dàxué ～ de.（彼は北京大学卒業です。）★毕不了业 bìbuliǎo yè（卒業できない）●"毕不了"は可能補語の否定形。

bǐzuò 比作 動 …に例える。[42] ★比作美丽的花 ～ měilì de huā（美しい花に例える）

bówùguǎn 博物馆 名 博物館。[13]

bù 不 副 ①…でない。…しない。…するな。[1] ●後ろに第4声が続く時，第2声"bú"に変調する。★我不累。Wǒ ～ lèi.（疲れていません。）★他不来。Tā ～ lái.（彼は来ない。）★不客气 ～ kèqi（遠慮しない，遠慮するな）②可能補語の否定形を作る。[27] ●軽く発音する。★听不懂 tīng～dǒng（聞いて理解できない）★想不到 xiǎng～dào（思いつけない，思いもよらない）★回答不出来 huídá～chūlái（答えが出てこない）

búcuò 不错 形 ①悪くない。すばらしい。[61]

★味道不错 wèidào ～（なかなかいい味だ）②正しい。その通りだ。

búdàn 不但 接（"不但…，而且～"で）ただ…だけでなく，そのうえ～。[22] ★他不但会说汉语，而且也会说韩语。Tā ～ huì shuō Hànyǔ, érqiě yě huì shuō Hányǔ.（彼は中国語が話せるだけでなく，そのうえ韓国語も話せる。）

bùguāng 不光 接 ただ…だけでなく。[28] ★不光孩子，大人也喜欢。～ háizi, dàren yě xǐhuan.（子どもだけでなく，大人も好きだ。）

búguò 不过 接 しかし。でも。[1] ★东西好，不过很贵。Dōngxi hǎo, ～ hěn guì.（物はいいが，しかし値段が高い。）

bùrú 不如 動 …に及ばない。[48] ★我不如你。Wǒ ～ nǐ.（私はあなたに及ばない。）★百闻不如一见 bǎiwén bùrú yíjiàn（百聞は一見にしかず）

bùtóng 不同 形 異なる。名 違い。[38] ★有很大不同 yǒu hěn dà ～（大きな違いがある）

búyòng 不用 副 …する必要はない。[63] ★不用客气。～ kèqi.（遠慮には及びません。）

C

cāi 猜 動（答えを）当てる。[45] ★你猜一猜。Nǐ ～ yì ～.（当ててごらん。）★猜对了 ～duì le（答えが当った）★猜着了 ～zháo le（答えが当った）★猜不着 ～buzháo（答えを当てられない）●可能補語の否定形。

cái 才 副 ①やっと。はじめて。[52] ★我才明白了。Wǒ ～ míngbai le.（やっと分かった。）★只有你满意，我才高兴。Zhǐyǒu nǐ mǎnyì, wǒ ～ gāoxìng.（あなたが満足してこそ，私は嬉しい。あなたが満足しなければ，私は嬉しくない。）②たったの。わずかに。★他的孩子才四岁。Tā de háizi ～ sì suì.（彼の子どもはわずか4歳だ。）

cài 菜 名 ①野菜。★蔬菜 shū～（野菜）②料理。[8] ★做菜 zuò ～（料理を作る）★中国菜 Zhōngguó～（中国料理）★名菜 míng～（名菜，名高い料理）

cānguān 参观 動 参観する。見学する。[9] ★去博物馆参观 qù bówùguǎn ～（博物館に行って参観する）

cāntīng 餐厅 名 レストラン。[30] ★在餐厅吃饭 zài ～ chīfàn（レストランで食事をする）

céngjīng 曾经 副 かつて。[61] ★他曾经在中国住过三年。Tā ～ zài Zhōngguó zhùguo sān nián.（彼はかつて中国に3年住んだことがある。）

chá 茶 名 茶。[63] ★喝茶 hē ～（お茶を飲む）★红茶 hóng～（紅茶）

chàbuduō 差不多 形 ①差がない。ほとんど同じだ。[52] ★价钱差不多 jiàqián ～（値段に差がない）②ほとんどの。★差不多的人 ～ de rén（ほとんどの人）副 ほとんど。★他差不多每天都喝酒。Tā ～ měi tiān dōu hē jiǔ.（彼はほとんど毎日酒を飲む。）

chàdiǎnr 差点儿 副 もう少しで。危うく。[51] ★我差点儿忘了。Wǒ ～ wàng le.（もう少しで忘れるところだった。）

cháng 长 形 長い。[3] ★很长时间 hěn ～ shíjiān（長い時間）

chàng 唱 動 歌う。[26] ★唱歌 ～ gē（歌を歌う）

chángcháng 常常 副 よく。しばしば。しょっちゅう。[65] ★他常常来。Tā ～ lái.（彼はよく来る。）

chē 车 名 車。[24] ★上车 shàng ～（車に乗り込む）★下车 xià ～（車から降りる）

chēng 称 動 称する。[4] ★称为 ～wéi（…と称する，…と呼ぶ）

chéngjì 成绩 名 成績。[63] ★成绩好 ～ hǎo（成績がよい）★好成绩 hǎo ～（好成績）

chénglì 成立 動 成立する。[13]

chéngshì 城市 名 都市。[22] ★大城市 dà ～（大都市）★旅游城市 lǚyóu ～（観光都市）

chéngwéi 成为 動 …となる。…になる。[22]

chēngzàn 称赞 動 称賛する。褒めたたえる。[46]

chī 吃 動 食べる。[3] ★你吃什么？Nǐ ～ shénme?（何を食べますか？）★家里没有吃的。Jiā lǐ méiyǒu ～ de.（家に食べ物がない。）●"吃的"は「食べる物」。★吃饱了 ～bǎo le（おなかいっぱい食べた）★好吃 hǎo～（食べ物がおいしい）

chībuguàn 吃不惯 動 食べ慣れない。[36] ●可能補語の否定形。★生的东西我吃不惯。Shēng

de dōngxi wǒ ～.（なま物は食べ慣れません。）
chībulái 吃不来 動 口に合わない。（食べ物が）苦手だ。[36] ●可能補語の否定形。★辣的菜我吃不来。Là de cài wǒ ～.（辛い料理は苦手です。）
chībuliǎo 吃不了 動 食べきれない。[36] ●可能補語の否定形。★这么多的菜我吃不了。Zhème duō de cài wǒ ～.（こんなに多くの料理は食べきれません。）★吃不了了 ～ le（食べきれなくなった）
chībuqǐ 吃不起 動 値段が高くて食べられない。[34] ●可能補語の否定形。★这家饭馆的菜一般人吃不起。Zhè jiā fànguǎn de cài yìbānrén ～.（このレストランの料理は庶民には高くて食べられない。）
chībushàng 吃不上 動 時間や食べ物がなくて食べられない。[36] ●可能補語の否定形。★这个时间吃不上饭了。Zhège shíjiān ～ fàn le.（この時間ではもう食事にありつけない。）★这里吃不上鱼。Zhèlǐ ～ yú.（ここでは魚にありつけない。）
chībuxià 吃不下 動 食べ物がのどを通らない。[36] ●可能補語の否定形。★我不舒服，吃不下饭。Wǒ bù shūfu, ～ fàn.（気分が悪くて、食欲がありません。）
chīfàn 吃饭 動 食事をする。[15] ●"吃"と"饭"に分離することがある。★我们一块儿去吃饭吧。Wǒmen yíkuàir qù ～ ba.（一緒に食事に行きましょう。）★一天吃三顿饭 yì tiān chī sān dùn fàn（1日に3度食事する）
chǒng'ài 宠爱 動 寵愛する。[22]
chōngmǎn 充满 動 充満する。満ちる。[61]
chū 出 動 ①出る。出す。★出门 ～mén（外出する）②方向補語として，出たり，出したり，現れることを表す。[12] ★走出房间 zǒu～ fángjiān（部屋を歩き出る）★做出成绩 zuò～ chéngjì（成績を上げる）
chū 初 接頭 旧暦の1日から10日を表す時に用いる。[54] ★五月初五 wǔyuè ～ wǔ（旧暦の5月5日）
chuān 穿 動 ①突き通す。②（服を）着る。（ズボン・靴などを）はく。[30] ★穿衣服 ～ yīfu（服を着る）★穿裤子 ～ kùzi（ズボンをはく）★穿上了 ～shàng le（着込んだ）
chuán 传 動 伝える。伝わる。[55] ★传到日本 ～dào Rìběn（日本に伝わる）
chuántǒng 传统 名 伝統。形 伝統的だ。[38] ★传统节日 ～ jiérì（伝統的な祝祭日）
chūchāi 出差 動 出張する。[17] ★去中国出差 qù Zhōngguó ～（中国に出張する）
chūlái/chūlai 出来 動 ①出て来る。[21] ●"出"に方向補語の"来"がついたもの。★你出来吧。Nǐ ～ ba.（出ておいでよ。）★出不来 chūbulái（出て来られない）●可能補語の否定形。②方向補語として，出て来ることや現れてくることを表す。[12] ★走出来 zǒu ～（歩いて出て来る）★看出来 kàn ～（見抜く，見分ける）★想出来 xiǎng ～（思いつく）★回答出来 huídá ～（答えを出す）
chúle 除了 介 …を除いて。…のほかに。[13] ★除了我，大家都去。～ wǒ, dàjiā dōu qù.（私以外，みんな行きます。）★除了中国以外，我还去过韩国。～ Zhōngguó yǐwài, wǒ hái qùguo Hánguó.（中国のほかに，韓国にも行ったことがあります。）
Chūnjié 春节 名 春節。[51]
chūntiān 春天 名 春。[42]
chūqù/chūqu 出去 動 ①出て行く。[21] ●"出"に方向補語の"去"がついたもの。★他出去了。Tā ～ le.（彼は出かけた。）★出不去 chūbuqù（出て行けない）●可能補語の否定形。②方向補語として，出て行くことを表す。[12] ★跑出去 pǎo ～（駆け出して行く）
chūzhōng 初中 名 中学校。[61] ●"初级中学 chūjí zhōngxué"の略語。
cì 次 量 回。度。[10] ★我去过一次中国。Wǒ qùguo yí ～ Zhōngguó.（中国に1度行ったことがあります。）★这次 zhè ～（今回）
cǐdì 此地 名 この地。[22]
cǐhòu 此后 名 この後。これ以後。[65]
cǐshí 此时 名 この時。[55]
cǐwài 此外 接 これ以外に。そのほか。[5]
cóng 从 介 …から。[3] ★从这儿到那儿 ～ zhèr dào nàr（ここからそこまで）★从八点到九点 ～ bā diǎn dào jiǔ diǎn（8時から9時まで）

cōngmíng/cōngming 聪明 [形] 賢い。聪明だ。[37] ★她又聪明又漂亮。Tā yòu ～ yòu piàoliang.（彼女は賢くてきれいだ。）★聪明能干 ～ nénggàn（聪明で有能だ）

D

dǎ 打 [動] ①打つ。(手で打つ) 球技をする。★打球 ～ qiú（球技をする）②（電話を）かける。[57] ★给你打电话 gěi nǐ ～ diànhuà（あなたに電話をかける）③（傘を）さす。★打伞 ～ sǎn（傘をさす）

dà 大 [形] ①大きい。[4] ★最大 zuì ～（最も大きい）★大大的月亮 ～～ de yuèliang（大きな月）②歳をとっている。★你多大？Nǐ duō ～?（何歳ですか？）★爸爸比妈妈大两岁。Bàba bǐ māma ～ liǎng suì.（父は母より2歳年上だ。）

dàgài 大概 [副] たぶん。[18] ★他大概知道。Tā ～ zhīdào.（彼はたぶん知っている。）[形] 大体の。[名] 大体の内容。★我只知道个大概。Wǒ zhī zhīdào ge ～.（大体の事しか知りません。）

dài 代 [動] 代わる。[名] 時代。[9] ★唐代 Táng ～（唐代）

dài 带 [動] ①持つ。帯びる。[38] ★我没带钱。Wǒ méi ～ qián.（お金を持っていません。）②引き連れる。★带孩子 ～ háizi（子どもを連れる）

dài 戴 [動] （帽子を）かぶる。（眼鏡を）かける。[15] ★戴帽子 ～ màozi（帽子をかぶる）★戴着眼镜 ～zhe yǎnjìng（眼鏡をかけている）

dàibiǎo 代表 [動] 代表する。[22] ★代表学校 ～ xuéxiào（学校を代表する）[名] 代表。★当代表 dāng ～（代表になる）

dàjiā 大家 [代] みんな。みなさん。[15] ★大家好！～ hǎo！（みなさん、こんにちは！）

dàn 但 [接] しかし。[34]

dāng 当 [動] …になる。…を務める。[41] ★当演员 ～ yǎnyuán（俳優になる）

dāngrán 当然 [形] 当然だ。★这是当然的。Zhè shì ～ de.（これは当然のことだ。）[副] 当然。もちろん。[18] ★当然知道 ～ zhīdào（もちろん知っている）

dànshì 但是 [接] しかし。[30] ★我想去，但是没时间。Wǒ xiǎng qù, ～ méi shíjiān.（行きたいが、しかし時間がありません。）

dǎo 倒 [動] ①倒れる。[63] ★病倒了 bìng～ le（病気で倒れた）②換える。

dào 到 [動] 着く。至る。…まで至る。[3] ★时间到了。Shíjiān ～ le.（時間になった。）★还不到八点。Hái bú ～ bā diǎn.（まだ8時になっていない。）★来到日本 lái～ Rìběn（日本に来る）★看到了 kàn～ le（見た、目にした）★想到了 xiǎng～ le（思いついた）★找到了 zhǎo～ le（さがし当てた）★买到了 mǎi～ le（買った、買って手に入れた）★做到了 zuò～ le（やり遂げた）

dào 倒 [動] ①逆さまにする。ひっくり返す。[51] ★倒贴 ～ tiē（逆さまにはり付ける）★倒数第二个 ～ shǔ dì-èr ge（下から数えて2番目）②つぐ。注ぐ。[63] ★倒茶 ～ chá（お茶をつぐ）[副] 意外にも。[60] ★这倒不是。Zhè ～ bú shì.（それは違います。）

dào 道 [名] 道。[動] 言う。述べる。[64]

dǎochē 倒车 [動] （バスなどを）乗り換える。[63]

dàochù 到处 [副] 至る所に。あちこちに。[30] ★他到处有朋友。Tā ～ yǒu péngyou.（彼はあちこちに友人がいる。）

dàodǐ 到底 [副] ①ついに。②一体。一体全体。[18] ★你到底去不去？Nǐ ～ qù bú qù?（あなたは一体行くのか行かないのか？）★这到底是为什么？Zhè ～ shì wèi shénme?（これは一体なぜなのか？）③さすがは。[18] 到底还是北京，名胜古迹很多。～ hái shì Běijīng, míngshèng gǔjì hěn duō.（さすがは北京だ、名勝古跡が多い。）

dàren 大人 [名] 成人。大人。[52] ★大人和小孩儿 ～ hé xiǎoháir（大人と子ども）

dǎsǎo 打扫 [動] 掃除する。[15] ★打扫房间 ～ fángjiān（部屋を掃除する）★打扫打扫 ～ ～（ちょっと掃除する）

dǎsuàn/dǎsuan 打算 [動] …するつもりだ。[1] ★我打算寒假去韩国。Wǒ ～ hánjià qù Hánguó.（冬休みに韓国に行くつもりです。）[名] つもり。計画。★你有什么打算？Nǐ yǒu shénme ～?（どういう予定がありますか？）

dàxiǎo 大小 [名] 大小。大きさ。[18] ★大小一样 ～ yíyàng（大きさが同じだ）

dàxué 大学 [名] 大学。[14] ★上大学 shàng ～（大

学に行く，大学に入る）★大学二年级 ～ èr niánjí（大学2年生）

dàyuē 大约 副 およそ。約。[4]★大约有十公里。～ yǒu shí gōnglǐ.（およそ10キロメートルある。）

de 地 助 連用修飾語を作る。[9]★慢慢儿地走 mànmānr ～ zǒu（ゆっくり歩く）●この"地"は省略可能。★简单地介绍 jiǎndān ～ jièshào（簡単に紹介する）

de 的 助 ①…の。…のもの。[1]●"的"の後ろには「もの」「こと」「人」が省略されることがある。★我的电脑 wǒ ～ diànnǎo（私のパソコン）★我喜欢的菜 wǒ xǐhuan ～ cài（私の好きな料理）★我做的菜 wǒ zuò ～ cài（私が作る料理，私が作った料理）★这是我的。Zhè shì wǒ ～.（これは私のものです。）★他不是北京的。Tā bú shì Běijīng de.（彼は北京の人ではありません。）②断定の語気を表す。[1]★是的。Shì ～.（そうです。）③（"是…的"で）過去の事実がいつ・どこで・どのように行われたかを強調する。[1]●"是"は省略可能。★我是昨天来的。Wǒ shì zuótiān lái ～.（私は昨日来たのです。）★你在哪儿学的汉语？Nǐ zài nǎr xué ～ Hànyǔ?（どこで中国語を学んだのですか？）★我坐飞机来的。Wǒ zuò fēijī lái ～.（飛行機で来ました。）

de 得 助 ①状態補語を作る。[2]★走得很慢 zǒu ～ hěn màn（歩き方が遅い）★多得很 duō ～ hěn（とても多い）●"…得很"は「とても…」という程度を表す。★多得多 duō ～ duō（ずっと多い）●"…得多"は「ずっと…」という程度を表す。②可能補語を作る。[27]★听得懂 tīng～dǒng（聞いて理解できる）★看得出来 kàn～chūlái（見抜くことができる，見分けることができる）

dehuà 的话 助 …ならば。[26]★如果有空的话，你来玩儿。Rúguǒ yǒu kòng ～, nǐ lái wánr.（もしも暇があれば，遊びに来てください。）

děi 得 動（時間やお金が）かかる。[3]★得多少钱？～ duōshao qián?（いくらかかりますか？）助動 …しなければならない。[2]★我得走了。Wǒ ～ zǒu le.（もう失礼しなければ。）★我还得学习。Wǒ hái ～ xuéxí.（もっと勉強しなければ。）

děng 等 動 待つ。[36]★等一等 ～ yì ～（ちょっと待つ）★等一会儿 ～ yíhuìr（しばらく待つ）助 …など。[4]★北京、上海等 Běijīng, Shànghǎi ～（北京，上海など）

děngděng 等等 助 …など。…などなど。[9]

Déyǔ 德语 名 ドイツ語。[33]

dì 地 名 地。土地。[22]★各地 gè ～（各地）

dì 递 動 手渡す。[67]★请把笔递给我。Qǐng bǎ bǐ ～ gěi wǒ.（ペンを取ってください。）

dì 第 接頭 第…。[1]★第一课 ～-yī kè（第1課）★第一次 ～-yī cì（1回目，初めて）

diǎn 点 量 時。時刻を表す。[24]★一点 yì ～（1時）★两点 liǎng ～（2時）名 点。★这一点 zhè yì ～（この点）量 少し。ちょっと。[38]★带点甜味 dài ～ tiánwèi（少し甘味を帯びている）動 選ぶ。★点菜 ～ cài（料理を注文する）

diànhuà 电话 名 電話。[57]★打电话 dǎ ～（電話をかける）★电话号码 ～ hàomǎ（電話番号）

diànnǎo 电脑 名 コンピューター。パソコン。[6]★一台电脑 yì tái ～（1台のパソコン）

diǎnr 点儿 量 少し。ちょっと。[35]●"一点儿 yì～"の"一"が省略されたもの。★吃点儿东西 chī ～ dōngxi（何か少し食べる）★他的病好点儿了。Tā de bìng hǎo ～ le.（彼の病気はちょっとよくなった。）

diànshì 电视 名 テレビ。[9]★看电视 kàn ～（テレビを見る）

diànyǐng 电影 名 映画。[26]★看电影 kàn ～（映画を見る）★拍电影 pāi ～（映画を撮る）★电影院 ～yuàn（映画館）

dìdao 地道 形 本物だ。正真正銘だ。[35]★地道的川菜 ～ de chuāncài（本場の四川料理）★他讲的是地地道道的北京话。Tā jiǎng de shì dìdìdàodào de Běijīnghuà.（彼が話すのは生粋の北京語だ。）

dìdi 弟弟 名 弟。[6]

dìfang 地方 名 所。場所。[9]★什么地方 shénme ～（どんな所，どこ）

dīngzhǔ 叮嘱 動 何度も言い聞かせる。言い含める。[65]

dìqiú 地球 名 地球。[9]★地球上 ～ shàng（地

diū 丢 動 なくす。[6] ★钱丢了。Qián ～ le.（お金をなくした。）★别把票弄丢了。Bié bǎ piào nòng～ le.（チケットをなくさないように。）

dìyù 地域 名 地域。[38]

dìzǐ 弟子 名 弟子。[60]

dōng 东 方 東。[35] ★往东走 wǎng ～ zǒu（東に向かって行く）

dǒng 懂 動 分かる。理解する。[27] ★我不懂。Wǒ bù ～.（分かりません。）★懂日语 ～ Rìyǔ（日本語が分かる）★听懂了 tīng～ le（聞いて分かった）★听不懂 tīngbu～（聞いて理解できない） ●可能補語の否定形。

dòng 动 動 ①動く。[69] ★不要动。Búyào ～.（動かないで。）②動かす。触る。★动手 ～shǒu（手を触れる）

dōngbian 东边 方 東。東側。[13]

dōngbù 东部 名 東部。[4]

dōngjì 冬季 名 冬季。[46]

dòngshēn 动身 動 出発する。旅立つ。[33] ●"动"と"身"に分離することがある。★动身回国 ～ huíguó（帰国の途に就く）★她什么时候动的身？Tā shénme shíhou dòng de shēn?（彼女はいつ出発しましたか？）

dōngtiān 冬天 名 冬。[19]

dōngxi 东西 名 物。品物。[26] ★买东西 mǎi ～（買い物をする）

dōu 都 副 ①すべて。みな。[1] ★他们都是中国人。Tāmen ～ shì Zhōngguórén.（彼らはみんな中国人だ。）★你都知道什么？Nǐ ～ zhīdào shénme?（どのようなことを知っていますか？）②すでに。もう。★都十点了。～ shí diǎn le.（もう 10 時だ。）

dòufu 豆腐 名 豆腐。[35] ★麻婆豆腐 mápó ～（マーボ豆腐）

dú 读 動 読む。[61] ★这个字怎么读？Zhège zì zěnme ～?（この字はどう読むのですか？）

dù 度 量 度。温度を表す。[43] ★三十七度五 sānshíqī ～ wǔ（37.5 度）

duì 对 形 正しい。そうである。[28] ★你说得很对。Nǐ shuō de hěn ～.（おっしゃる通りです。）★对了。～ le.（あっ，そうだ。）介 …に対して。…について。[1] ★他对日本不太了解。Tā ～ Rìběn bú tài liǎojiě.（彼は日本についてあまり分かっていない。）

duìyú 对于 介 …に対して。…について。[65] ★对于这个问题，我没有意见。～ zhège wèntí, wǒ méiyǒu yìjiàn.（この問題に対して，意見はありません。）

duō 多 形 ①多い。[4] ★人很多。Rén hěn ～.（人が多い。）★很多人 hěn ～ rén（多くの人）★吃多了 chī～ le（食べ過ぎた）②（"…多了"で）ずっと…だ。[3] ★好多了 hǎo～ le（ずっといい）数 …余り。[9] ★一年多 yì nián ～（1 年余り）★十多年 shí ～ nián（10 数年）副 ①多く。[1] ★你多吃一点儿吧。Nǐ ～ chī yìdiǎnr ba.（たくさん食べてください。）★请多多指教。Qǐng ～ ～ zhǐjiào.（よろしくご指導ください。）②何と。[51] ★多美！ ～ měi!（何と美しい！） 疑 どれくらい。[3] ★你多大？Nǐ ～ dà?（何歳ですか？）★多长时间 ～ cháng shíjiān（どれくらいの時間）

duōme 多么 副 何と。[53] 疑 どれくらい。

duōshao 多少 疑 いくつ。どれくらい。[2] ★有多少个人？Yǒu ～ ge rén?（何人の人がいますか？）●"个"は省略可能。★多少钱？～ qián?（値段はいくらですか？）

duōshù 多数 名 多数。[30] ★多数人 ～ rén（多数の人）★大多数 dà～（大多数）

dūshì 都市 名 都市。都会。[22]

dútè 独特 形 独特だ。[55] ★独特的风格 ～ de fēnggé（独特の風格）

E

è 饿 形 空腹だ。[3] ★肚子饿 dùzi ～（空腹だ）

ê/éi 欸 感 驚きを表す。[51] ★欸, 你怎么了？ ～, nǐ zěnme le?（えっ，どうしたの？）

ér 而 接 語句と語句を結ぶ。[18] ★为进步而学习 wèi jìnbù ～ xuéxí（進歩するために学習する）★大而言之 dà'～yánzhī（大きくこれを言えば）

érqiě 而且 接 そのうえ。[22] ★不但人多，而且车也多。Búdàn rén duō, ～ chē yě duō.（人が多いばかりか，そのうえ車も多い。）

érzi 儿子 名 息子。[8] ★儿子和女儿 ～ hé nǚ'ér（息子と娘）

Éyǔ 俄语 名 ロシア語。[33]

F

fā 发 動 発する。送る。[33] ★发信 ～ xìn（手紙を出す）★发通知 ～ tōngzhī（通知を出す）

fàn 饭 名 ご飯。食事。[37] ★做饭 zuò ～（食事を作る）★一碗饭 yì wǎn ～（1碗のご飯）★三顿饭 sān dùn ～（3度の食事）

fàng 放 動 ①放す。②休みになる。★放暑假 ～ shǔjià（夏休みになる）③点火する。[52] ★放鞭炮 ～ biānpào（爆竹を鳴らす）④置く。[15] ★放在这儿 ～ zài zhèr（ここに置く）

fǎngfú 仿佛 副 …のようだ。[64] 動 …に似ている。

fángjiān 房间 名 部屋。[15] ★房间里 ～ lǐ（部屋の中）★房间号码 ～ hàomǎ（ルームナンバー）

fāngmiàn 方面 名 方面。面。[30] ★各方面 gè ～（各方面）

fànguǎn 饭馆 名 料理店。レストラン。[34] ★一家饭馆 yì jiā ～（1軒のレストラン）

fàngxīn 放心 動 安心する。[27] ★请放心。Qǐng ～.（ご安心ください。）

fángzi 房子 名 家屋。家。[54] ★一所房子 yì suǒ ～（1軒の家）★盖房子 gài ～（家を建てる）

fánhuá 繁华 形 にぎやかだ。[22] ★最繁华的地方 zuì ～ de dìfang（最もにぎやかな場所）

fánshì 凡是 副 すべて。一切。[28] ★凡是到北京的人都想去长城。～ dào Běijīng de rén dōu xiǎng qù Chángchéng.（北京を訪れる人は誰もみな万里の長城に行きたがる。）

fānyì 翻译 動 翻訳する。通訳する。★你能翻译吗? Nǐ néng ～ ma?（訳せますか？） 名 通訳。[41] ★当翻译 dāng ～（通訳になる，通訳を務める）

fāshēng 发生 動 発生する。起こる。[33] ★发生了什么事? ～ le shénme shì?（何が起こったのか？）

fāxiàn 发现 動 発見する。名 発見。[18]

fāyīn 发音 名 発音。[52] ★发音很好 ～ hěn hǎo（発音がいい） 動 発音する。

Fǎyǔ 法语 名 フランス語。[33]

fāyuán 发源 動 源を発する。[4] ★发源于 ～ yú（…に源を発する）

fēi 非 動 …にあらず。…ではない。[10] 副 ("非…不可"で) …しなければならない。★非去不可 ～ qù bùkě（行かなければならない）

fēicháng 非常 副 非常に。[9] ★非常大 ～ dà（非常大きい）

fēn 分 動 分ける。量 分。時間・時刻の単位。 名 分数。[27] ★二分之一 èr ～ zhī yī（2分の1）★百分之九十 bǎi ～ zhī jiǔshí（9割，90パーセント）

fēnbié 分别 動 ①別れる。②区別する。 副 それぞれ。別々に。[4]

fēng 风 名 風。[31] ★风大 ～ dà（風が強い）★刮风 ～ fēng（風が吹く）

fēng 封 動 封をする。量 通。手紙を数える。[65] ★一封信 yì ～ xìn（1通の手紙）

fēnggé 风格 名 風格。（芸術の）スタイル。[61]

fēngjǐng 风景 名 風景。景色。[3] ★风景很美。～ hěn měi.（景色がきれいだ。）

fēngshèng 丰盛 形 （料理が）盛りだくさんだ。[54]

fēngwèi 风味 名 風味。味わい。特色。[38]

fóxiàng 佛像 名 仏像。[55]

fú 幅 量 幅。絵画を数える。[43] ★一幅画 yì ～ huà（1幅の絵画）

fùmǔ 父母 名 父母。両親。[15] ★你父母好吗? Nǐ ～ hǎo ma?（ご両親はお元気ですか？）

fùqīn/fùqin 父亲 名 父。父親。[41]

fūrén/fūren 夫人 名 夫人。[37] ★你夫人好吗? Nǐ ～ hǎo ma?（奥様はお元気ですか？）

fùyù 富裕 形 裕福だ。[52] ★生活富裕 shēnghuó ～（生活が裕福だ）

fúzhuāng 服装 名 服装。衣装。[28] ★民族服装 mínzú ～（民族衣装）

G

gāi 该 助動 …すべきだ。[43] ★我该走了。Wǒ ～ zǒu le.（もう失礼しなければ。）

gàikuàng 概况 名 概況。大体の状況。[1] ★中国概况 Zhōngguó ～（中国の概况）

gǎn 感 [動] 感じる。[19] ★感兴趣 ～ xìngqù（興味を感じる）

gàn 干 [動] する。やる。[36] ★你干什么？ Nǐ ～ shénme?（何をするの？）

gānbēi 干杯 [動] 乾杯する。[69] ●"干"と"杯"に分離することがある。★为大家的健康，干杯！ Wèi dàjiā de jiànkāng, ～!（皆様の健康のために，乾杯！）★再干一杯 zài gān yì bēi（もう1度乾杯する）

gǎndòng 感动 [動] 感動する。感動させる。[10] ★非常感动 fēicháng ～（非常に感動する）

gāng 刚 [副] たったいま。…したばかり。[8] ★我刚来。Wǒ ～ lái.（いま来たところです。）

gāngcái 刚才 [名] 先ほど。[35] ★刚才说的话 ～ shuō de huà（先ほど話したこと）

gǎnjī 感激 [動] 感謝する。感激する。[65] ★我很感激你。Wǒ hěn ～ nǐ.（あなたにはとても感謝しています。）

gānjìng 干净 [形] 清潔だ。きれいだ。[45] ★房间里很干净。Fángjiān lǐ hěn ～.（部屋の中はきれいだ。）★洗干净 xǐ ～（きれいに洗う）★打扫得干干净净 dǎsǎo de gāngānjìngjìng（きれいに掃除がしてある）

gǎnmào 感冒 [名] 風邪。[動] 風邪をひく。[50] ★我感冒了。Wǒ ～ le.（風邪をひきました。）

gǎnshòu 感受 [動] 感じる。[名] 感銘。感じ。[10] ★感受很深 ～ hěn shēn（感銘深い）

gāo 高 [形] 高い。[13] ★个子高 gèzi ～（背が高い）★高高的个子 ～～ de gèzi（すらりと高い背）★秋高气爽 qiū～ qìshuǎng（秋空が高く空気がすがすがしい，秋晴れの様子）

gàosu 告诉 [動] 告げる。知らせる。[64] ★我告诉你一件事。Wǒ ～ nǐ yí jiàn shì.（あなたにお知らせがあります。）★谁告诉你的？ Shéi ～ nǐ de?（誰があなたに知らせたのですか？）

gāoxìng 高兴 [形] 嬉しい。楽しい。[10] ★认识你很高兴。Rènshi nǐ hěn ～.（知り合えてとても嬉しいです。）★高高兴兴地玩儿 gāogāoxìngxìng de wánr（楽しく遊ぶ）[動] 喜ぶ。

gāozhōng 高中 [名] 高校。[60] ●"高级中学 gāojí zhōngxué"の略語。

gē 歌 [名] 歌。[26] ★这首歌 zhè shǒu ～（この歌）★唱歌 chàng ～（歌を歌う）

gè 各 [代] おのおの。各…。[22] ★各地 ～ dì（各地）★各民族 ～ mínzú（各民族）

ge/gè 个 [量] 物や人を数える。[1] ★一个梨 yí ～ lí（1個のナシ）★两个人 liǎng ～ rén（2人の人）★打个电话 dǎ ～ diànhuà（1度電話する）●この"个"は「ちょっと（…してみる）」という意味。

gēge 哥哥 [名] 兄。[17] ★哥哥和弟弟 ～ hé dìdi（兄と弟）

gěi 给 [動] ①与える。[8] ★你给我什么？ Nǐ ～ wǒ shénme?（何をくれるのですか？）②…させる。[60] ★请给我看看。Qǐng ～ wǒ kànkan.（ちょっと見せてください。）[介] ①（誰々）に。（誰々）のために。[10] ★我给你介绍。Wǒ ～ nǐ jièshào.（あなたに紹介してあげます。）②…される。[63] ★给猫偷吃了 ～ māo tōu chī le（ネコに盗み食いされた）

gémìngjiā 革命家 [名] 革命家。[61]

gēn 跟 [介] …と。[1] ★跟你一起去 ～ nǐ yìqǐ qù（あなたと一緒に行く）[接] …と～。

gèng 更 [副] さらに。[35] ★更好的办法 ～ hǎo de bànfǎ（もっといい方法）

géwài 格外 [副] 特別に。とりわけ。[55]

gèzi 个子 [名] 背丈。身長。[57] ★个子高 ～ gāo（背が高い）★个子矮 ～ ǎi（背が低い）

gōngdiàn 宫殿 [名] 宫殿。[9] ★一座宫殿 yí zuò ～（1つの宫殿）

gōngjiāochē 公交车 [名] （公共の）バス。[59] ★公交车上 ～ shàng（バスの中）

gōnglǐ 公里 [量] キロメートル。[4] ★十公里 shí ～（10キロメートル）

gōngsī 公司 [名] 会社。[24] ★一家公司 yì jiā ～（ある会社）

gòngtóng 共同 [形] 共同の。共通の。★共同语言 ～ yǔyán（共通の言語）[副] 共同で。[30] ★共同劳动 ～ láodòng（共に働く）

gōngyuán 公元 [名] 紀元。西暦。[22] ★公元前 ～ qián（紀元前）

gōngyuán 公园 [名] 公園。[8] ★去公园玩儿 qù ～ wánr（公園に行って遊ぶ）

gōngzuò 工作 [動] 働く。[24] ★你在哪儿工作? Nǐ zài nǎr ～? (どちらにお勤めですか?) [名] 仕事。[17] ★工作忙 ～ máng (仕事が忙しい)

gòu 够 [動] 足りる。★钱够不够? Qián ～ bú ～? (お金は足りますか?) [副] 十分に。ひどく。[10] ★今天够冷的。Jīntiān ～ lěng de. (今日はひどく寒い。)

gǔ 古 [形] 古い。[22] ★古称 ～ chēng (古くは…と称する) ★古色古香 ～ sè ～ xiāng (古色蒼然としている)

gù 故 [接] ゆえに。だから。[46]

guà 挂 [動] 掛ける。[15] ★挂一张画 ～ yì zhāng huà (絵を1枚掛ける)

guàibude 怪不得 [副] なるほど。道理で。[10] ★外边下雪了，怪不得这么冷。Wàibian xià xuě le,～ zhème lěng. (外は雪だ，道理でこんなに寒いわけだ。) [動] とがめることができない。

guān 关 [動] 閉じる。閉める。[45] ★关门 ～ mén (ドアを閉める) ★关上 ～ shàng (ぴったり閉める)

guǎngchǎng 广场 [名] 広場。[9]

guānguāng 观光 [動] 観光する。[43]

guānshǎng 观赏 [動] 鑑賞する。[55]

guānxì/guānxi 关系 [名] 関係。[9] ★没关系 méi ～ (関係がない，かまわない) ★什么关系 shénme ～ (どういう関係)

guānyú 关于 [介] …に関して。…について。[1] ★关于日本，他知道得不多。～ Rìběn, tā zhīdào de bù duō. (日本について，彼はよく知らない。)

gǔdài 古代 [名] 古代。[19] ★古代汉语 ～ Hànyǔ (古代中国語)

gǔdiǎn 古典 [形] 古典的な。古典…。[46] ★古典音乐 ～ yīnyuè (クラシック音楽)

gǔdū 古都 [名] 古都。古い都。[13]

guì 贵 [形] (値段が) 高い。[21] ★价钱贵 jiàqián ～ (値段が高い) ★不贵，很便宜。Bú ～, hěn piányi. (高くありません，とても安いです。)

guīmó 规模 [名] 規模。[9] ★规模大 ～ dà (規模が大きい)

gǔjì 古迹 [名] 古跡。旧跡。[13]

gǔlì 鼓励 [動] 励ます。激励する。[65] ★鼓励学生好好儿学习 ～ xuésheng hǎohāor xuéxí (しっかり勉強するように学生を励ます)

guò 过 [動] ①(場所を) 通る。通過する。★过桥 ～ qiáo (橋を渡る) ②(時間を) 過ごす。経過する。[51] ★过节日 ～ jiérì (祝祭日を過ごす，祝祭日を祝う) ★过生日 ～ shēngrì (誕生日を迎える，誕生日を祝う) ③方向補語として，経過することなどを表す。[12] ★坐过站 zuò～zhàn (駅を乗り越す) ★睡过了 shuì～ le (寝過ごした) [副] …すぎる。★过多 ～ duō (多すぎる)

guo 过 [助] …したことがある。[3] ★看过 kàn～ (見たことがある) ★没看过 méi kàn～ (見たことがない)

guòdōng 过冬 [動] 冬を越す。冬を過ごす。[22]

guójì 国际 [形] 国際的だ。国際…。[22] ★国际关系 ～ guānxì (国際関係)

guójiā 国家 [名] 国。国家。[13] ★哪个国家 nǎge ～ (どの国)

guòjiǎng 过奖 [動] 褒めすぎる。[2] ●褒められた時に使う。★过奖，过奖。～,～. (褒めすぎです。) ★你过奖了。Nǐ ～ le. (褒めすぎです。)

guòlái/guòlai 过来 [動] ①通り過ぎて来る。(あちらからこちらに) やって来る。●"过"に方向補語の"来"がついたもの。★你过来吧。Nǐ ～ ba. (こちらにおいでよ。) ★过不来 guòbulái (こちらに来られない) ●可能補語の否定形。②方向補語として，通り過ぎて来ることを表す。[12] ★走过来 zǒu ～ (歩いてやって来る) ★搬过来 bān ～ (運んで来る)

guónèi 国内 [名] 国内。[34] ★日本国内 Rìběn ～ (日本国内)

guònián 过年 [動] 年を越す。新年を迎える。[51] ★过年好! ～ hǎo! (新年おめでとう!)

guóqí 国旗 [名] 国旗。[13] ★一面国旗 yí miàn ～ (1枚の国旗)

guòqù/guòqu 过去 [動] ①通り過ぎて行く。(こちらからあちらに) 行く。●"过"に方向補語の"去"がついたもの。★一年又过去了。Yì nián yòu ～ le. (1年がまた過ぎ去った。) ★我过去看看。Wǒ ～ kànkan. (ちょっと見に行ってきます。) ★过不去 guòbuqù (そちらに行け

読む辞典 99

ない）●可能補語の否定形。②方向補語として，通り過ぎて行くことを表す。[12] ★走过去 zǒu ～（歩いて通り過ぎて行く）

gùxiāng 故乡 名 故郷。[55] ★回故乡 huí ～（故郷に帰る）

H

hái 还 副 ①まだ。依然として。[1] ★他还没来。Tā ～ méi lái.（彼はまだ来ていない。）②まだ。さらに。[2] ★还有吗? ～ yǒu ma?（まだありますか？）

háishi 还是 接 それとも。[34] ★你吃面包，还是吃米饭? Nǐ chī miànbāo, ～ chī mǐfàn?（パンにしますか，ライスにしますか？）副 やはり。★还是不行。～ bù xíng.（やはりだめだ。）

háizi 孩子 名 子ども。[15] ★两个孩子 liǎng ge ～（2人の子ども）

Hányǔ 韩语 名 韓国語。[24]

Hànyǔ 汉语 名 中国語。[24]

hǎo 好 形 ①よい。上手だ。立派だ。[3] ★好啊! ～ a!（いいよ！）★学好了 xué～ le（ちゃんと学んだ）★说得很好 shuō de hěn ～（話し方が上手だ）②元気だ。健康だ。[1] ★你好吗? Nǐ ～ ma?（お元気ですか？）★身体好 shēntǐ ～（健康だ）③…しやすい。★好懂 ～ dǒng（分かりやすい）副 随分。★好多人 ～ duō rén（大勢の人）

hào 号 名 日。[51] ★几月几号 jǐ yuè jǐ ～（何月何日）

hǎochī 好吃 形 （食べ物が）おいしい。[34]

hǎohàn 好汉 名 好漢。立派な男。[10]

hǎohāor 好好儿 副 よく。しっかり。ちゃんと。[11] ★好好儿地学习 ～ de xuéxí（しっかり学ぶ）●"地"は省略可能。

hǎojǐ 好几 数 いくつも。[10] ★好几个 ～ ge（いくつも）★好几次 ～ cì（何度も）

hǎojiǔ 好久 形 とても久しい。長い間。[1] ★好久不见了! ～ bú jiàn le!（お久しぶりです！）

hǎokàn 好看 形 きれいだ。美しい。[37] ★风景很好看。Fēngjǐng hěn ～.（風景がきれいだ。）

hǎoxiàng 好像 動 …に似ている。まるで…のようだ。[43] ★她很漂亮，好像电影演员。Tā hěn piàoliang, ～ diànyǐng yǎnyuán.（彼女は美人で，映画俳優のようだ。）★今天冷，好像冬天似的。Jīntiān lěng, ～ dōngtiān shìde.（今日は寒くて，まるで冬のようだ。）副（どうも）…のようだ。[45] ★我好像感冒了。Wǒ ～ gǎnmào le.（風邪をひいたようだ。）

hǎoyìsi 好意思 形 恥ずかしくない。平気だ。[51] ●多く否定形で用いる。★真不好意思。Zhēn bù ～.（本当に申し訳ありません。）★多不好意思! Duō bù ～!（何と恥ずかしい！）

hǎoyòng 好用 形 使いやすい。[37] ★不好用 bù ～（使いにくい）

hē 喝 動 飲む。[6] ★喝茶 ～ chá（お茶を飲む）★我去买喝的。Wǒ qù mǎi ～ de.（飲み物を買ってきます。）●"喝的"は「飲む物」。★好喝 hǎohē（飲み物がおいしい）

hé 和 接 …と～。[1] ★你和我 nǐ ～ wǒ（あなたと私）介 …と。[22] ★和他一起去 ～ tā yìqǐ qù（彼と一緒に行く）

hé 河 名 川。[4] ★一条河 yì tiáo ～（1本の川）★大河 dà～（大河）

hémù 和睦 形 仲睦まじい。[30] ★家庭和睦 jiātíng ～（家族の仲がいい）

hěn 很 副 とても。非常に。[3] ★很好 ～ hǎo（とてもよい）★很不好 ～ bù hǎo（とてもよくない，とても悪い）★不很好 bù ～ hǎo（あまりよくない）

hóng 红 形 赤い。[57] ★红色 ～sè（赤色）★脸红了 liǎn ～ le（顔が赤くなった）★红红的脸 ～～ de liǎn（真っ赤な顔）

hōngdòng 轰动 動 湧き立たせる。センセーションを巻き起こす。[18]

hóngyè 红叶 名 紅葉。[13]

hòu 后 方 後ろ。後。[42] ★往后退 wǎng ～ tuì（後ろに下がる）★结婚后 jiéhūn ～（結婚後）

hòulái 后来 名 その後。[55] ★后来，他怎么样了? ～, tā zěnmeyàng le?（その後，彼はどうなりましたか？）★后来的事 ～ de shì（その後の事）

hòumiàn 后面 方 後ろ。後。裏。[64]

huā 花 名 花。[9] ★一朵花 yì duǒ ～（1輪の花）★走马观花 zǒumǎ guānhuā（馬を走らせて花を

観る，短時間で大ざっぱに表面だけを見る）動費やす。★花钱 ～ qián（お金を使う）★花时间 ～ shíjiān（時間を費やす）

huà 画 動 描く。[8] ★这是我画的。Zhè shì wǒ ～ de.（これは私が描いたものです。）名 絵。絵画。[8] ★画一张画 ～ yì zhāng ～（1枚の絵を描く）●前の"画"は動詞。

huà 话 名 話。言葉。[15] ★这句话 zhè jù ～（この言葉）★说话 shuō～（話をする）

huài 坏 形 ①悪い。★他很坏。Tā hěn ～.（彼は悪者だ。）②（"…坏了"で）程度がはなはだしいことを表す。ひどく…だ。[3] ★累坏了 lèi ～ le（へとへとに疲れる）動 壊す。壊れる。[6] ★电脑坏了。Diànnǎo ～ le.（パソコンが壊れた。）★弄坏了 nònghuài le（壊した）

huán 还 動 返す。[67] ★还书 ～ shū（本を返す）★还给你 ～ gěi nǐ（あなたに返す）

huángdì 皇帝 名 皇帝。[4] ★历代皇帝 lìdài ～（歴代の皇帝）

huǎnghuà 谎话 名 うそ。偽り。[64] ★说谎话 shuō ～（うそを言う）

huánjìng 环境 名 環境。[18] ★环境不好 ～ bù hǎo（環境が悪い）

huānyíng 欢迎 動 歓迎する。[1] ★欢迎，欢迎！～，～！（ようこそ！）★欢迎你再来。 ～ nǐ zài lái.（またのお越しを歓迎します。）

huí 回 動 ①帰る。[17] ★回家 ～jiā（帰宅する）★回国 ～guó（帰国する）②方向補語として，元に戻ることを表す。[12] ★把孩子送回家 bǎ háizi sònghuí jiā（子どもを家に送り届ける）量 事柄の回数を表す。[51] ★这么一回事 zhème yì ～ shì（こういう事）●"一"は省略可能。

huì 会 名 会。★音乐会 yīnyuè～（音楽会）助動 ①（技術を身につけて）…することができる。[27] ★你会说汉语吗? Nǐ ～ shuō Hànyǔ ma?（中国語が話せますか？）★你真会买东西。Nǐ zhēn ～ mǎi dōngxi.（買い物が上手ですね。）②…するはずだ。[38] ★他一定会知道的。Tā yídìng ～ zhīdào de.（彼はきっと知っているはずだ。） 動 （外国語が）できる。[24] ★会英语 ～ Yīngyǔ（英語ができる）

huídá 回答 動 回答する。答える。[27] ★回答问题 ～ wèntí（問題に答える）★回答出来 huídá ～（答えを出す）★回答不出来 ～ buchūlái（答えられない）●可能補語の否定形。

huìhuà 会话 動 会話する。名 会話。対話。[1]

huílái/huílai 回来 動 ①帰って来る。●"回"に方向補語の"来"がついたもの。★你回来了。Nǐ ～ le.（お帰りなさい。）★回不来 huíbulái（帰って来られない）●可能補語の否定形。②方向補語として，戻って来ることを表す。[12] ★拿回来 ná ～（持ち帰って来る）

huíqù/huíqu 回去 動 ①帰って行く。[3] ●"回"に方向補語の"去"がついたもの。★他回去了。Tā ～ le.（彼は帰って行った。）★回不去 huíbuqù（帰って行けない）●可能補語の否定形。②方向補語として，戻って行くことを表す。[12] ★拿回去 ná ～（持ち帰って行く）

húntun 馄饨 名 ワンタン。[38]

huǒchē 火车 名 汽车。列車。[17] ★火车站 ～ zhàn（汽车の駅）★坐火车 zuò ～（列車に乗る）

huódòng 活动 動 動かす。活動する。名 活動。催し。[55] ★各种活动 gè zhǒng ～（各種のイベント）

hùxiāng 互相 副 互いに。相互に。[1] ★互相帮助 ～ bāngzhù（互いに助け合う）

J

jī 鸡 名 ニワトリ。[52] ★一只鸡 yì zhī ～（1羽のニワトリ）

jí 极 副 ①きわめて。とても。[4] ★极多 ～ duō（きわめて多い）②（"…极了"で）程度がはなはだしいことを表す。実に…だ。[1] ★那好极了。Nà hǎo ～ le.（それはいい。）

jǐ 几 疑 いくつ。[3] ●あまり大きくない数を尋ねる時に使う。★几月几号 ～yuè ～ hào（何月何日）★孩子几岁？Háizi ～ suì?（お子さんは何歳ですか？）★这几天 zhè ～ tiān（この数日）●この"几"は「いくつか」という意味。

jì 记 動 ①記憶する。[65] ★记住 ～zhù（しっかり記憶する，覚える）★记不住 ～buzhù（覚えられない）●可能補語の否定形。②記録する。★记日记 ～ rìjì（日記をつける）

読む辞典 101

jì 既 副 （"既…又～"で）…でありそのうえ～。[37] ★这里的菜既便宜又好吃。Zhèlǐ de cài ～ piányi yòu hǎochī.（ここの料理は安くてうまい。）

jì 寄 動 郵送する。[65] ★寄信 ～ xìn（手紙を送る）

jiā 家 名 家。家庭。[17] ★我家 wǒ ～（我が家）★家里 ～ lǐ（家の中）★家人 ～rén（家族）量 店舗などを数える。[24] ★一家公司 yì ～ gōngsī（ある会社）

jiǎ 假 形 偽りだ。うそだ。[35] ★假的 ～ de（偽りの物，偽りのこと）

jiàn 见 動 会う。[1] ★明天见！Míngtiān ～!（ではまた明日！）★我见过他。Wǒ ～guo tā.（彼に会ったことがあります。）

jiàn 件 量 事柄・衣服・物品などを数える。[17] ★这件事 zhè ～ shì（この事）★一件衣服 yí ～ yīfu（1着の服）★三件行李 sān ～ xíngli（3つの手荷物）

jiǎndān 简单 形 簡単だ。[11] ★不简单 bù ～（簡単ではない，大したものだ）★简单地介绍 ～ de jièshào（簡単に紹介する）

jiàndū 建都 動 建都する。都を定める。[22]

jiāng 将 副 …しようとする。[64] 介 …を。[64]

jiǎng 讲 動 話す。言う。[27] ★讲话 ～huà（話をする）★讲汉语 ～ Hànyǔ（中国語を話す）

jiānglái 将来 名 将来。[65] ★将来我想当老师。～ wǒ xiǎng dāng lǎoshī.（将来，先生になりたい。）

jiànmiàn 见面 動 会う。[3] ●"见"と"面"に分離することがある。★我们在哪儿见面? Wǒmen zài nǎr ～?（どこで会いますか？）★我跟他见过面。Wǒ gēn tā jiànguo miàn.（彼には会ったことがあります。）

jiànzhùwù 建筑物 名 建築物。[9]

jiāo 交 動 ①渡す。[64] ★交钱 ～ qián（お金を払う）★请把这封信交给他。Qǐng bǎ zhè fēng xìn ～ gěi tā.（この手紙を彼に渡してください。）②交際する。★交朋友 ～ péngyou（友だちになる）

jiāo 教 動 教える。[64] ★我教你日语。Wǒ ～ nǐ Rìyǔ.（日本語を教えてあげます。）

jiào 叫 動 ①…という名前だ。[9] ★他叫什么? Tā ～ shénme?（彼は何という名前ですか？）②…に～させる。[13] ●使役を表す。★叫你久等了。～ nǐ jiǔděng le.（お待たせしました。）③叫ぶ。④呼ぶ。★有人叫你。Yǒu rén ～ nǐ.（誰かが呼んでいますよ。）介 …に～される。[6] ●受身を表す。★电脑叫他弄坏了。Diànnǎo ～ tā nònghuài le.（パソコンが彼に壊された。）

jiào 较 動 比べる。副 比較的。割と。[38] ★较多 ～ duō（割と多い）

jiāoqū 郊区 名 郊外地区。郊外。[42]

jiǎozi 饺子 名 ギョーザ。[51] ★包饺子 bāo ～（ギョーザを包む，ギョーザを作る）

jiàqián/jiàqian 价钱 名 値段。価格。[26] ★价钱贵 ～ guì（値段が高い）

jiātíng 家庭 名 家庭。[30]

jiāxiāng 家乡 名 郷里。ふるさと。[60] ★家乡菜 ～cài（郷土料理）

jiē 接 動 ①受ける。[33] ★接到 ～dào（受け取る）★接电话 ～ diànhuà（電話に出る）②出迎える。★接朋友 ～ péngyou（友人を出迎える）

jiē 街 名 街。[38] ★街上 ～ shàng（街，通り）★上街买东西 shàng～ mǎi dōngxi（街に買い物に出る）

jiè 借 動 ①借りる。[69] ★跟他借钱 gēn tā ～ qián（彼にお金を借りる）②貸す。★借给我 ～ gěi wǒ（私に貸してくれる）

jiéhūn 结婚 動 結婚する。[6] ●"结"と"婚"に分離することがある。★你结婚了吗? Nǐ ～ le ma?（結婚されていますか？）★你们俩什么时候结的婚? Nǐmen liǎ shénme shíhou jié de hūn?（お2人はいつ結婚されたのですか？）

jiějie 姐姐 名 姉。[41] ★姐姐和妹妹 ～ hé mèimei（姉と妹）

jiěpōuxué 解剖学 名 解剖学。[64]

jiérì 节日 名 祝祭日。[51] ★传统节日 chuántǒng ～（伝統的祝祭日，節句）★过节日 guò ～（祝祭日を祝う）

jièshào 介绍 動 紹介する。[11] ★介绍一下 ～ yíxià（ちょっと紹介する）★给我介绍 gěi wǒ ～（私に紹介してくれる）★自我介绍 zìwǒ ～

（自己紹介する）

jiěshì 解释 動 説明する。釈明する。[33] ★你不要解释。Nǐ búyào ～.（言い訳はするな。）

jīgòu 机构 名 機構。機関。[14] ★研究机构 yánjiū ～（研究機関）

jīhuì/jīhui 机会 名 機会。チャンス。[19] ★没机会 méi ～（機会がない）

jìjié 季节 名 季節。[13] ★好季节 hǎo ～（いい季節）

jílì 吉利 形 縁起がよい。[52] ★取个吉利 qǔ ge ～（縁起をかつぐ）

jǐn 仅 副 わずかに。[55] ★仅次于 ～ cìyú（すぐ…に次ぐ）

jìn 进 動 ①入る。★请进。Qǐng ～.（お入りください。）②方向補語として，中へ移動することを表す。[12] ★跑进教室 pǎo～ jiàoshì（教室に駆け込む）

jìnbù 进步 動 進歩する。[53] ★进步快 ～ kuài（進歩がはやい）

jìng 竟 副 意外にも。[64]

jīngcháng 经常 副 よく。しばしば。しょっちゅう。[17] ★他经常来。Tā ～ lái.（彼はよく来る。）

jīngguò 经过 動 通過する。経過する。[65] 名 経過。経緯。

jīngjì 经济 名 経済。[1] 形 経済的だ。

jǐngsè 景色 名 景色。風景。[46] ★景色美丽 ～ měilì（景色が美しい）

jīngshen 精神 名 元気。★没精神 méi ～（元気がない）形 元気だ。はつらつとしている。[10] ★这个孩子挺精神的。Zhège háizi tǐng ～ de.（この子は元気はつらつとしている。）

jìngyì 敬意 名 敬意。[55] ★表示敬意 biǎoshì ～（敬意を表す）

jìniàn 纪念 動 記念する。[13] ★纪念这一天 ～ zhè yì tiān（この日を記念する）★纪念碑 ～bēi（記念碑）名 記念の品。★做个纪念 zuò ge ～（記念の品とする）

jìnlái/jìnlai 进来 動 ①入って来る。●"进"に方向補語の"来"がついたもの。★你进来坐坐。Nǐ ～ zuòzuo.（入ってお座りください。）★进教室来 jìn jiàoshì lái（教室に入って来る）●"进"と"来"の間に"教室"が入ったもの。★进不来 jìnbulái（入って来られない）●可能補語の否定形。②方向補語として，中へ移動して来ることを表す。[12] ★跑进来 pǎo ～（駆け込んで来る）★跑进教室来 pǎojìn jiàoshì lái（教室に駆け込んで来る）●"跑进"と"来"の間に"教室"が入ったもの。

jìnqù/jìnqu 进去 動 ①入って行く。●"进"に方向補語の"去"がついたもの。★他刚进去。Tā gāng ～.（彼はいま入って行ったところだ。）★进房间去 jìn fángjiān qù（部屋に入って行く）●"进"と"去"の間に"房间"が入ったもの。★进不去 jìnbuqù（入って行けない）●可能補語の否定形。②方向補語として，中へ移動して行くことを表す。[12] ★搬进去 bān ～（運び込む）★搬进房间里去 bānjìn fángjiān lǐ qù（部屋の中に運びこむ）●"搬进"と"去"の間に"房间里"が入ったもの。

jīntiān 今天 名 今日。[21]

jiù 就 副 ①すぐ。すぐに。[30] ★我马上就来。Wǒ mǎshàng ～ lái.（すぐ行きます。）★一学就会。Yì xué ～ huì.（ちょっと習えばすぐにできる。）②その場合には。それでは。そこで。[2] ★要是下雪，我就不去。Yàoshi xià xuě, wǒ jiù bú qù.（雪が降ったら，行きません。）★他想什么就说什么。Tā xiǎng shénme ～ shuō shénme.（彼は思ったことを何でも言う。）③ほかでもなく。…こそが。[13] ★他就是李老师。Tā ～ shì Lǐ lǎoshī.（彼が李先生です。）

jiūjìng 究竟 副 ①一体。一体全体。[52] ②さすがに。

jízhōng 集中 動 集中する。集める。[30]

jǔ 举 動 挙げる。[46] ★举手 ～shǒu（挙手する）★举不胜举 ～búshèng～（挙げきれないほど多い）

jù 句 量 文や言葉を数える。[51] ★一句话 yí ～ huà（ひと言）

jù 聚 動 集まる。[54] ★聚在一起 ～ zài yìqǐ（同じ所に集う）

juéde 觉得 動 感じる。（感じて）…と思う。[9] ★你觉得怎么样？Nǐ ～ zěnmeyàng?（どう思いますか？）

juéyì 决意 動 決意する。[64]

jùshuō 据说 [動] 聞くところによると。…ということだ。[4]

jǔxíng 举行 [動] 行う。挙行する。[55] ★举行比赛 ～ bǐsài（試合を行う）

K

kāichē 开车 [動] 車を運転する。[59] ★会开车 huì ～（車の運転ができる）

kāishǐ 开始 [動] 始める。始まる。[55] ★现在开始。Xiànzài ～.（今から始めます。）★已经开始了。Yǐjīng ～ le.（もう始まった。）[名] 始め。

kāixīn 开心 [形] 愉快だ。楽しい。[1] ★我每天都很开心。Wǒ měi tiān dōu hěn ～.（毎日とても楽しいです。）★玩儿得很开心 wánr de hěn ～（とても楽しく遊ぶ）

kàn 看 [動] ①見る。（声を出さずに）読む。[9] ★看电视 ～ diànshì（テレビを見る）★看小说 ～ xiǎoshuō（小説を読む）②会う。見舞う。[1] ★我去看你。Wǒ qù ～ nǐ.（あなたに会いに行きます。）

kānchēng 堪称 [動] …と称するに足る。…と言える。[22]

kànjiàn 看见 [動] 見る。見える。目にする。[51] ●「見た結果，見える」という意味。★看见了 ～ le（見た，見えた）★什么都看不见。Shénme dōu kànbujiàn.（何も見えません。）●"看不见"は可能補語の否定形。

kǎoyā 烤鸭 [名] アヒルの丸焼き。[34] ★北京烤鸭 Běijīng ～（北京ダック）

kě 可 [副] 本当に。絶対に。[接] しかし。[10]

kè 课 [名] 課。授業。[1] ★第一课 dì-yī ～（第1課）★听课 tīng～（授業を聞く，授業に出る）★讲课 jiǎng～（授業をする）

kèběn 课本 [名] 教科書。テキスト。[61] ★汉语课本 Hànyǔ ～（中国語のテキスト）

kěbúshì/kěbushì 可不是 [副] その通りだ。[34] ★可不是嘛！～ ma!（その通り！）

kèrén/kèren 客人 [名] 客。[63] ★我家来了两位客人。Wǒ jiā láile liǎng wèi ～.（家に2人の来客があった。）

kěshì 可是 [接] しかし。[9] ★东西好，可是价钱贵。Dōngxi hǎo, ～ jiàqián guì.（物はいいが，しかし値段が高い。）

késou 咳嗽 [動] 咳をする。[50] ★还咳嗽吗? Hái ～ ma?（まだ咳が出ますか？）

kètīng 客厅 [名] 客間。応接室。[15]

kěyǐ 可以 [助動] ①…してもよい。★我可以回家吗? Wǒ ～ huíjiā ma?（家に帰ってもいいですか？）②…することができる。[19] ★一个房间可以住四个人。Yí ge fángjiān ～ zhù sì ge rén.（1部屋に4人住むことができる。）[形] まずまずだ。★成绩还可以。Chéngjì hái ～.（成績はまずまずだ。）

kòng 空 [名] 空いた時間。暇。[2] ★我没空。Wǒ méi ～.（暇がありません。）

kǒu 口 [量] ①家族の人数を数える。★你家有几口人? Nǐ jiā yǒu jǐ ～ rén?（何人家族ですか？）②"一口"で外国語の能力について言うときに使う。[33] ★她说一口漂亮的汉语。Tā shuō yì ～ piàoliang de Hànyǔ.（彼女はきれいな中国語を話す。）

kuài 快 [形]（速度が）速い。[3] ★说得很快 shuō de hěn ～（話し方が速い）[副] ①はやく。急いで。[63] ★快来吧。～ lái ba.（はやくおいでよ。）②（"快…了"で）もうすぐ…になる。★快八点了。～ bā diǎn le.（もうすぐ8時だ。）

kùn 困 [形] 眠い。[59] ★困了 ～ le（眠くなった）

kùnnan 困难 [形] 困難だ。難しい。[17] ★很困难 hěn ～（とても困難だ）[名] 困難。障害。★有困难 yǒu ～（困った事がある）

L

là 辣 [形] 辛い。[35] ★四川菜很辣。Sìchuāncài hěn ～.（四川料理は辛い。）

lái 来 [動] ①来る。[1] ★来日本 ～ Rìběn（日本に来る）★来吃饭 ～ chīfàn（食事に来る）②方向補語として，動作が話し手に近づく方向に行われることを表す。[12] ★拿来 ná～（持って来る）★看来 kàn～（こう見てくると，見たところ）③ある動作をする。★这件事让我来吧。Zhè jiàn shì ràng wǒ ～ ba.（この事は私にやらせてください。）④話し手の積極性を表す。★我来介绍一下。Wǒ ～ jièshào yíxià.（ご紹介いたします。）⑤語句と語句を結ぶ。[34] ★一般来说

yìbān ～ shuō（一般的に言うと）

làngmàn 浪漫 形 ロマンチックだ。[61] ★浪漫主义 ～ zhǔyì（ロマン主義，ロマンチシズム）

láodòng 劳动 名 労働。動 労働する。[30]

lǎoshī 老师 名 先生。[1] ★中国老师 Zhōngguó ～（中国人の先生）★汉语老师 Hànyǔ ～（中国語の先生）

le 了 助 ①…した。…している。[1] ●文末につくものと動詞の後ろにつくものの2種類がある。★我知道了。Wǒ zhīdào ～.（分かりました。承知しました。）★你结婚了吗？Nǐ jiéhūn ～ ma?（結婚していますか？）★我买了一件衣服。Wǒ mǎi ～ yí jiàn yīfu.（服を1着買いました。）★吃了饭再谈吧。Chī ～ fàn zài tán ba.（食事を終えたらまた話しましょう。）②…になった。[2] ★几点了？Jǐ diǎn ～?（何時になりましたか？）★没有了 méiyǒu ～（なくなった）③きっぱりと言い切る語気を表す。[1] ★我走了。Wǒ zǒu ～.（ではこれで失礼します。）

lèi 累 形 疲れている。[3] ★你累不累？Nǐ ～ bú ～?（疲れていますか？）★走累了 zǒu ～ le（歩き疲れた）

lěng 冷 形 寒い。冷たい。[31] ★冬天冷。Dōngtiān ～.（冬は寒い。）★冷面 ～miàn（冷めん）

lǐ/li 里 方 中。[15] ★家里 jiā ～（家の中）

liǎ 俩 数量 2人。2つ。[61] ★他们俩 tāmen ～（彼ら2人）

lián 连 介（"连…都～"で）…さえも。…すら～。[35] ●"都"の代わりに"也"を使うこともある。★连孩子都会。～ háizi dōu huì.（子どもでもできる。）★我连她的名字也不知道。Wǒ ～ tā de míngzi yě bù zhīdào.（彼女の名前すら知りません。）★连看都不想看。～ kàn dōu bù xiǎng kàn.（見たくもない。）

liǎn 脸 名 顔。[57] ★洗脸 xǐ ～（顔を洗う）

liǎng 两 数 2つ。[9] ★两个人 ～ ge rén（2人）★两年 ～ nián（2年間）

liángkuai 凉快 形 涼しい。[21] ★秋天凉快。Qiūtiān ～.（秋は涼しい。）

liǎnpén 脸盆 名 洗面器。[55]

liǎnsè 脸色 名 顔色。[64] ★脸色不好 ～ bù hǎo（顔色が悪い）

liánxì 联系 動 連絡する。[26] ★跟你联系 gēn nǐ ～（あなたに連絡する）

liànxí 练习 動 練習する。[53] ★练习会话 ～ huìhuà（会話の練習をする）

liǎojiě 了解 動 了解する。理解する。[1] ★我很了解他。Wǒ hěn ～ tā.（彼のことはよく分かっています。）

liáokuò 辽阔 形 果てしなく広い。[38] ★幅员辽阔 fúyuán ～（領土が広大だ）

liáotiānr 聊天儿 動 雑談する。おしゃべりする。[57] ●"聊"と"天儿"に分離することがある。★她们在聊天儿呢。Tāmen zài ～ ne.（彼女たちはおしゃべりをしている。）★聊聊天儿 liáoliao tiānr（ちょっとおしゃべりする）

lìdài 历代 名 歴代。[4] ★历代皇帝 ～ huángdì（歴代の皇帝）

líkāi 离开 動 離れる。[64] ★他已经离开这儿了。Tā yǐjīng ～ zhèr le.（彼はもうここを去った。）★离不开 líbukāi（離れられない）●可能補語の否定形。

lìngwài 另外 接 そのほかに。[14]

língxià 零下 名 零下。[43] ★零下二度 ～ èr dù（零下2度）

lìshǐ 历史 名 歴史。[4] ★历史上 ～ shàng（歴史上）

lǐtou 里头 方 中。[54]

liúchuán 流传 動（業績などが）伝わる。[46] ★流传至今 ～ zhìjīn（いまに至るまで伝わっている）

liúxué 留学 動 留学する。[1] ●"留"と"学"に分離することがある。★去中国留学 qù Zhōngguó ～（中国に留学する）★留过学 liúguo xué（留学したことがある）

lóngzhòng 隆重 形 盛大だ。[13] ★隆重的婚礼 ～ de hūnlǐ（盛大な結婚式）★隆重地庆祝 ～ de qìngzhù（盛大に祝う）

lù 路 名 道。[22] ★这条路 zhè tiáo ～（この道）★走路 zǒu ～（歩く）

lǚkè 旅客 名 旅行客。[22]

lún 轮 名 車輪。量 太陽と月に用いる。[55] ★一轮月亮 yì ～ yuèliang（1輪の月）

lùshàng/lùshang 路上 名 道中。道の途中。[17] ★你路上好吗? Nǐ ～ hǎo ma?（道中ご無事でしたか？）★路上很顺利。 ～ hěn shùnlì.（道中順調でした。）

lǚxíng 旅行 動 旅行する。[46] ★去旅行 qù ～（旅行に行く）★旅行社 ～shè（旅行社）

lǚyóu 旅游 動 旅行する。観光する。[13] ★去中国旅游 qù Zhōngguó ～（中国旅行に行く）

M

mǎ 马 名 ウマ。[9] ★一匹马 yì pǐ ～（1頭のウマ）★骑马 qí ～（ウマに乗る）

ma 吗 助 …か？疑問の語気を表す。[1] ★是吗? Shì ～?（そうですか？）★你忙吗? Nǐ máng ～?（お忙しいですか？）

ma 嘛 助 …だからね。当然の語気を表す。[34] ★他还小嘛。Tā hái xiǎo ～.（彼はまだ子どもだからね。）

máfan 麻烦 動 煩わす。面倒をかける。★麻烦您了。 ～ nín le.（ご面倒をおかけしました。） 形 煩わしい。面倒だ。[53] ★手续很麻烦。Shǒuxù hěn ～.（手続きが面倒だ。） 名 面倒。★给您添麻烦了。Gěi nín tiān ～ le.（ご面倒をおかけしました。）

mǎi 买 動 買う。[11] ★买东西 ～ dōngxi（買い物をする）★买不到 ～budào（品切れで買えない）●可能補語の否定形。★买不起 ～buqǐ（値段が高くて買えない）●可能補語の否定形。

mài 卖 動 売る。[38] ★卖完了 ～wán le（売り切れた）

māma 妈妈 名 母。お母さん。[8]

màn 慢 形 （速度が）遅い。[3] ★进步慢 jìnbù ～（進歩が遅い）★走得很慢 zǒu de hěn ～（歩き方が遅い）★慢走。 ～zǒu.（気をつけてお帰りください。）

máng 忙 形 忙しい。[12] ★工作忙 gōngzuò ～（仕事が忙しい）

mànmānr 慢慢儿 副 ゆっくり。[11] ★慢慢儿地看 ～ de kàn（ゆっくり見る）●"地"は省略可能。

mántou 馒头 名 マントー。[38]

mǎnyì 满意 動 満足する。[53] ★我对现在的工作很满意。Wǒ duì xiànzài de gōngzuò hěn ～.（今の仕事にはとても満足しています。）

māo 猫 名 ネコ。[35] ★一只猫 yì zhī ～（1匹のネコ）

màozi 帽子 名 帽子。[15] ★一顶帽子（1つの帽子）★戴帽子 dài ～（帽子をかぶる）

méi 没 ● "没有 ～yǒu/～you" に同じ。 動 ①持っていない。…がない。…がいない。②及ばない。…ほど ～ ではない。 副 …しなかった。…していない。…したことがない。[6]

měi 每 代 毎…。どの…も。[13] ★每年 ～ nián（毎年）★每天 ～ tiān（毎日）★每个人 ～ ge rén（どの人も，各自）

měi 美 形 美しい。[3] ★风景很美。Fēngjǐng hěn ～.（風景がとても美しい。）

Měiguórén 美国人 名 アメリカ人。[33]

měilì 美丽 形 美しい。きれいだ。[13] ★美丽的花 ～ de huā（美しい花）

mèilì 魅力 名 魅力。[22] ★很有魅力 hěn yǒu ～（とても魅力的だ）

mèimei 妹妹 名 妹。[6]

méiyǒu/méiyou 没有 ●後ろに言葉が続く場合，"有"は省略可能。 動 ①持っていない。…がない。…がいない。[41] ★没有时间 ～ shíjiān（時間がない）②及ばない。…ほど～ではない。[21] ★他没有我高。Tā ～ wǒ gāo.（彼は私ほど背が高くない。） 副 …しなかった。…していない。…したことがない。[6] ★我昨天没去。Wǒ zuótiān ～ qù.（昨日は行きませんでした。）★我还没有结婚。Wǒ hái ～ jiéhūn.（私はまだ結婚していません。）★我没有去过中国。Wǒ ～ qùguo Zhōngguó.（中国には行ったことがありません。）

mén 门 名 ドア。出入口。[45] ★开门 kāi mén（ドアを開ける）★关上门 guānshàng ～（ドアをぴったり閉める） 量 科目を数える。★两门课 liǎng ～ kè（2科目）

men 们 接尾 …たち。[1] ★我们 wǒ～（私たち）★孩子们 háizi～（子どもたち）

miàn 面 名 ①面。[65] ②うどん。めん類。★拉面 lā～（ラーメン） 量 鏡・旗など平らな物を数える。[13] ★一面镜子 yí ～ jìngzi（1枚の鏡）

★一面旗 yí ~ qí（1枚の旗）
miànjī 面积 名 面積。[4] ★面积大 ~ dà（面積が広い）
miànshí 面食 名 小麦粉食品。[38]
miàntiáo 面条 名 うどん。[38] ★一碗面条 yì wǎn ~（1碗のうどん）
mǐfàn 米饭 名 コメの飯。ご飯。[38] ★一碗米饭 yì wǎn ~（1碗のご飯）
míngbai 明白 動 分かる。理解する。[31] ★我还不明白。Wǒ hái bù ~.（まだ分かりません。） 形 明白だ。 ★讲得明明白白 jiǎng de míngmíngbáibái（はっきり述べる）
míngliàng 明亮 形 明るい。[55] ★客厅很明亮。Kètīng hěn ~.（客間はとても明るい。）
míngnián 明年 名 来年。[1]
míngshèng 名胜 名 名勝。名所。[13] ★名胜古迹 ~ gǔjì（名所旧跡）
míngtiān 明天 名 明日。[24]
míngzi 名字 名 名前。[35] ★他叫什么名字？Tā jiào shénme ~?（彼は何という名前ですか？）
mínzú 民族 名 民族。[27] ★多民族国家 duō~ guójiā（多民族国家）★中华民族 Zhōnghuá ~（中華民族）
mǔqīn/mǔqin 母亲 名 母。母親。[41]

N

ná 拿 動 持つ。取る。[3] ★你手里拿着什么？Nǐ shǒu lǐ ~zhe shénme?（手に何を持っているの？）★拿来 ~lái（持って来る）★拿去 ~qù（持って行く）
nǎ 哪 疑 どれ。どの。[8] ★哪国人 ~ guó rén（どの国の人）
nà 那 代 それ。その。あれ。あの。[9] 接 それでは。★那你说怎么办？ ~ nǐ shuō zěnme bàn?（じゃあどうしろと言うの？）
nǎge/něige 哪个 疑 どれ。どの。[30]
nàge/nèige 那个 代 それ。その。あれ。あの。[21]
nǎlǐ/nǎli 哪里 疑 どこ。[1] ★你家在哪里？Nǐ jiā zài ~?（あなたの家はどこにありますか？）★哪里，哪里。 ~, ~.（とんでもありません。どういたしまして。）●感謝された時，謝られた時，褒められた時などに使う。
nàlǐ/nàli 那里 代 そこ。あそこ。[53]
nàme 那么 代 そのように。そんなに。[9] ★那么贵啊！ ~ guì a!（そんなに値段が高いの！） 接 それでは。[2]
nán 南 方 南。[35] ★往南走 wǎng ~ zǒu（南に向かって行く）
nán 难 形 ①難しい。[53] ★汉语很难。Hànyǔ hěn ~.（中国語は難しい。）②…しにくい。[61] ★难办 ~ bàn（やりにくい）
nánbian 南边 方 南。南側。[13]
nánfāng 南方 名 南方。[34] ★南方菜 ~cài（南方料理）★南方话 ~huà（南方方言）
nánguài 难怪 副 なるほど。道理で。[43] 動 とがめることができない。
nányǐ 难以 動 …し難い。[65] ★难以下笔 ~ xiàbǐ（どう書けばいいのか分からない）
nǎr 哪儿 疑 どこ。[2] ★他在哪儿？Tā zài ~?（彼はどこにいますか？）★哪儿的话。 ~ de huà.（とんでもありません。どういたしまして。）●感謝された時，謝られた時，褒められた時などに使う。
nàr 那儿 代 そこ。あそこ。[3]
nǎxiē 哪些 疑 どれとどれ。どれとどの。[27] ★那些地方 ~ dìfang（どういった所）
nàyàng 那样 代 そのようである。[61] ★那样的人 ~ de rén（そのような人）
ne 呢 助 ①…？★你呢？ Nǐ ~?（あなたは？）②答えを求める語気を表す。[10] ★怎么说呢？ Zěnme shuō ~?（どう言うのかな？）③誇張の語気を表す。[10] ★人可多呢。Rén kě duō ~.（人が本当に多いね。）④進行・持続を表す。[15] ★他在吃饭呢。Tā zài chīfàn ~.（彼は食事中です。）★他还坐着呢。Tā hái zuòzhe ~.（彼はまだ座っています。）
néng 能 助動 …することができる。[9] ★你能去吗？ Nǐ ~ qù ma?（行けますか？）★我不能去了。Wǒ bù ~ qù le.（行けなくなりました。）
nénggàn 能干 形 有能だ。[41] ★他很能干。Tā hěn ~.（彼はやり手だ。）
nǐ 你 代 あなた。[1] ★你好！ ~ hǎo!（こんにちは！）★你们 ~men（あなたたち）

nián 年 名 年。[8] ★一九四九年 yī jiǔ sì jiǔ ~（1949年）★两年 liǎng ~（2年間）★哪一年 nǎ yì ~（どの年，何年）★年年 ~~（毎年）

niánjì 年纪 名 年齢。[53] ★你多大年纪? Nǐ duō dà ~?（何歳ですか？）★年纪大了 ~ dà le（歳をとった）

niánqīng 年轻 形 若い。[12] ★年轻人 ~rén（若者）★他比我年轻多了。Tā bǐ wǒ ~ duō le.（彼は私よりずっと若い。）

niányuè 年月 名 年月。[65]

nòng 弄 動 いじる。やる。[6] ★弄坏了 ~huài le（いじって壊した）★弄脏了 ~zāng le（汚した）★这是谁弄的? Zhè shì shéi ~ de?（これは誰がやったんだ？）

nónglì 农历 名 旧暦。陰暦。[51]

nuǎnhuo 暖和 形 暖かい。[43] ★春天暖和。Chūntiān ~.（春は暖かい。）

nǚ'ér 女儿 名 娘。[8] ★儿子和女儿 ~ hé nǚ'ér（息子と娘）

nǔlì 努力 動 努力する。励む。[61] ★努力学习 ~ xuéxí（勉強に励む）

O

ò 哦 感 了解を表す。[27] ★哦，是这样。~, shì zhèyàng.（ああ，そういうことか。）

P

pá 爬 動 ①はう。②登る。[4] ★爬山 ~shān（山に登る，登山をする）

pà 怕 動 恐れる。心配する。★我不怕。Wǒ bú ~.（怖くありません。） 副 おそらく。たぶん。[64]

pāi 拍 動 ①たたく。②撮影する。[10] ★拍电影 ~ diànyǐng（映画を撮影する）★拍照片 ~ zhàopiàn（写真を撮る）

páiliè 排列 動 並べる。配列する。[18] ★排列得整齐 ~ de zhěngqí（整然と並んでいる）

pàng 胖 形 太っている。[29] ★胖了 ~ le（太った）★他胖，还是瘦? Tā ~, háishi shòu?（彼は太っていますか，痩せていますか？）

pǎo 跑 動 走る。[3] ★跑得很快 ~ de hěn kuài（足が速い）

pèngjiàn 碰见 動 ばったり出会う。出くわす。[17] ★我在路上碰见了一个朋友。Wǒ zài lùshàng ~le yí ge péngyou.（道で友人とばったり出会った。）

péngyou 朋友 名 友人。友だち。[54] ★老朋友 lǎo ~（古い友人）

piányi 便宜 形 （値段が）安い。[26] ★价钱便宜 jiàqián ~（値段が安い）★能不能再便宜点儿? Néng bù néng zài ~ diǎnr?（もう少し安くなりませんか？）

piào 票 名 切符。チケット。[63] ★一张票 yì zhāng ~（1枚のチケット）★火车票 huǒchē~（列車の切符）★机票 jī~（航空券）

piàoliang 漂亮 形 ①きれいだ。美しい。[21] ★她很漂亮。Tā hěn ~.（彼女はとてもきれいだ。）★漂漂亮亮的衣服 piàopiàoliàngliàng de yīfu（きれいな服）②すばらしい。みごとだ。[33] ★漂亮的普通话 ~ de pǔtōnghuà（みごとな標準語，きれいな標準語）

píjiǔ 啤酒 名 ビール。[6] ★一瓶啤酒 yì píng ~（1瓶のビール）

píngfāng 平方 名 平方。[4] ★平方公里 ~ gōnglǐ（平方キロメートル）

pīpíng 批评 動 批判する。[6] ★他被老师批评了一顿。Tā bèi lǎoshī ~le yí dùn.（彼は先生に1度叱られた。）

pō 泼 動 （液体を）かける。まく。[55] ★泼水 ~ shuǐ（水をまく，水をかける）

pǔtōnghuà 普通话 名 現代中国語の共通語。標準語。[33] ★我讲的是普通话。Wǒ jiǎng de shì ~.（私が話しているのは共通語です。）

Q

qí 其 代 それ。その。[22]

qǐ 起 動 ①起きる。★早睡早起 zǎoshuì zǎo~（早寝早起きする）★起得早 ~ de zǎo（起きるのが早い）②始まる。（"从…起"で）…から。[22] ★从今天起 cóng jīntiān ~（今日から）③方向補語として，動作が上向きに行われること，開始することなどを表す。[12] ★升起国旗 shēng ~ guóqí（国旗を掲揚する）★说起 shuō~（話し始める）

qiān 千 [数] 千。[9] ★一千 yì～（千）★两千 liǎng～（2千）

qián 前 [方] 前。[9] ★往前走 wǎng ～ zǒu（前に進む）★十年前 shí nián ～（10年前）★去中国前 qù Zhōngguó ～（中国に行く前）★前几天 ～ jǐ tiān（数日前）

qián 钱 [名] お金。金銭。[8] ★我没带钱。Wǒ méi dài ～.（お金を持っていません。）★多少钱? Duōshao ～?（いくらですか？）

qiánbian 前边 [方] 前。前方。[17]

qiáng 墙 [名] ①壁。[15] ★挂在墙上 guà zài ～ shàng（壁に掛ける）②塀。

qǐchuáng 起床 [動] 起床する。起きる。[24] ★你早上几点起床? Nǐ zǎoshang jǐ diǎn ～?（朝何時に起きますか？）

qícì 其次 [代] その次。[4]

qǐdiǎn 起点 [名] 起点。出発点。[22]

qìfēn/qìfen 气氛 [名] 雰囲気。ムード。[52] ★节日气氛 jiérì ～（お祭り気分）

qīhēi 漆黑 [形] 真っ暗だ。真っ黒だ。[54] ★漆黑的夜晚 ～ yèwǎn（真っ暗な夜）★房间里漆黑漆黑的。Fángjiān lǐ ～ ～ de.（部屋の中は真っ暗だ。）

qíjì 奇迹 [名] 奇跡。[18]

qǐlái/qǐlai 起来 [動] ①起きる。起き上がる。● "起"に方向補語の"来"がついたもの。★你快起来。Nǐ kuài ～.（はやく起きなさい。）★起不来 qǐbulái（起きられない）●可能補語の否定形。②方向補語として，動作が上向きに行われること，開始すること，試みることなどを表す。[10] ★跳起来 tiào ～（跳び上がる）★笑起来 xiào ～（笑い出す）★看起来 kàn ～（見始める，見たところ）★这几天暖和起来了。Zhè jǐ tiān nuǎnhuo ～ le.（ここ数日暖かくなってきた。）★说起话来 shuōqǐ huà lái（話し始める）● "说起"と"来"の間に"话"が入ったもの。★下起雨来了。Xiàqǐ yǔ lái le.（雨が降り始めた。）● "下起"と"来"の間に"雨"が入ったもの。

qǐng 请 [動] ①どうぞ。どうぞ…してください。[1] ★请喝茶。～ hē chá.（お茶をどうぞ。）★请多关照。～ duō guānzhào.（よろしくお願いします。）②招く。★请你吃饭 ～ nǐ chīfàn（あなたを食事に招く）

qíng'ài 情爱 [名] 情愛。愛。[55]

qīngchè 清澈 [形] 透き通っている。[43] ★清澈见底 ～ jiàndǐ（透き通って底まで見える）

qīngchu 清楚 [形] 明らかだ。はっきりしている。[21] ★说清楚 shuō ～（はっきり話す）★听得很清楚 tīng de hěn ～（はっきり聞こえる）★话说得清清楚楚。Huà shuō de qīngqīngchǔchǔ.（話ははっきりとした。）[動] よく知っている。[69] ★这件事我不太清楚。Zhè jiàn shì wǒ bú tài ～.（この事はあまりよく知りません。）

qīngdàn 清淡 [形] 淡い。あっさりしている。[35]

qǐngjiào 请教 [動] 教えを請う。教えてもらう。[2] ★向您请教 xiàng nín ～（あなたに教えていただく）★我请教您一个问题。Wǒ ～ nín yí ge wèntí.（1つ教えていただきたい事があります。）

qíngkuàng 情况 [名] 状況。[59] ★看看情况再说。Kànkan ～ zài shuō.（様子を見てからにしましょう。）

qīngshuǐ 清水 [名] 清水。きれいな水。[55]

qīngzhēn 清真 [形] イスラム教の。[30] ★清真餐厅 ～ cāntīng（イスラム教徒のためのレストラン）★清真寺 ～sì（イスラム教寺院，モスク）

qìngzhù 庆祝 [動]（祝日などを）祝う。[13] ★庆祝国庆 ～ Guóqìng（国慶節を祝う）

qīnqi 亲戚 [名] 親戚。[54] ★我在这里没有亲戚朋友。Wǒ zài zhèlǐ méiyǒu ～ péngyou.（ここには親戚も友人もいません。）

qīnrén 亲人 [名] 家族。親族。[55]

qīnshǒu 亲手 [副] 自分の手で。[13] ★你亲手做一做。Nǐ ～ zuò yí zuò.（自分の手でやってみてください。）

qīnyǎn 亲眼 [副] 自分の目で。[10] ★我亲眼看见的。Wǒ ～ kànjiàn de.（自分の目で見ました。）

qīnzì 亲自 [副] 自分で。みずから。[59] ★你得亲自去。Nǐ děi qīnzì qù.（あなたは自分で行かなければなりません。）

qīrán 凄然 [形] もの悲しい。[64]

qíshí 其实 [副] その実。実際には。[64]

qítā 其他 [代] その他。[14] ★其他的人 ～ de rén（その他の人）

qiūtiān 秋天 [名] 秋。[13]

qízhōng 其中 名 その中（で）。[4]

qǔ 取 動 取る。受け取る。[18] ★取行李 ~ xíngli（手荷物を受け取る）

qù 去 動 ①行く。[1] ★你去哪儿？Nǐ ~ nǎr?（どこに行くのですか？）★去吃饭 ~ chīfàn（食事に行く）②方向補語として，動作が話し手から遠ざかる方向に行われることを表す。[12] ★拿去 ná~（持って行く）

quán 全 形 ①完全だ。揃っている。②全体の。全…。[4] ★全国 ~guó（全国）★全长 ~ cháng（全長）★全家人 ~jiārén（家族全員）副 すべて。★钱全花了。Qián ~ huā le.（お金を使い果たした。）

qūbié 区别 動 区別する。名 区別。違い。[34] ★什么区别 shénme ~（どんな違い）

què 却 副 かえって。[65]

qùnián 去年 名 去年。昨年。[1]

qūzhǐ 屈指 動 指折り数える。[46] ★屈指可数 ~ kěshǔ（指折り数えることができる，屈指だ）

R

ràng 让 動 ①譲る。道を譲る。★请让一下。Qǐng ~ yíxià.（ちょっと通してください。）②…に~させる。[15] ●使役を表す。★让你久等了。~ nǐ jiǔděng le.（お待たせしました。）介 …に~される。[6] ●受身を表す。★电脑让他弄坏了。Diànnǎo ~ tā nònghuài le.（パソコンが彼に壊された。）

ránhòu 然后 接 その後で。それから。[55] ★先洗手然后吃饭 xiān xǐ shǒu ~ chīfàn（先に手を洗ってから食事する）

rè 热 形 暑い。熱い。[37] ★夏天热。Xiàtiān ~.（夏は暑い。）★热水 ~shuǐ（湯）

rén 人 名 人。[13] ★这个人 zhège ~（この人）★人们 ~men（人々）★人人 ~~（あらゆる人，誰も）

rènao 热闹 形 にぎやかだ。[54] ★外边很热闹。Wàibian hěn ~.（外はにぎやかだ。）★热热闹闹地吃饭 rèrènàonào de chīfàn（にぎやかに食事する）動 にぎやかにやる。★今天我们热闹一下吧。Jīntiān wǒmen ~ yíxià ba.（今日は楽しくやりましょう。）名 にぎわい。騒ぎ。★看热闹 kàn ~（にぎわいを見物する）

rénjiān 人间 名 この世。人間世界。[46] ★人间奇迹 ~ qíjì（この世の奇跡）★人间仙境 ~ xiānjìng（この世の仙境）

rénkǒu 人口 名 人口。[27] ★人口多 ~ duō（人口が多い）★中国有多少人口？Zhōngguó yǒu duōshao ~?（中国の人口はどれほどですか？）

rénmen 人们 名 人々。[35]

rénmín 人民 名 人民。国民。[4] ★全国人民 quánguó ~（全国人民，全国民）

rénrén 人人 名 あらゆる人。誰も。[46] ★人人希望 ~ xīwàng（誰もが望む）

rènwéi 认为 動 …と考える。…と見なす。[65] ★我认为你说得很对。Wǒ ~ nǐ shuō de hěn duì.（あなたのおっしゃる通りだと思います。）

rènzhēn 认真 形 真面目だ。[37] ★学习认真 xuéxí ~（学習態度が真面目だ）★认真学习 ~ xuéxí（真面目に勉強する）

rèxīn 热心 形 熱心だ。[65]

rì 日 名 日。[13] ★十月一日 shíyuè yī ~（10月1日）

Rìyǔ 日语 名 日本語。[39]

rìzi 日子 名 日。[51] ★今天是什么日子？Jīntiān shì shénme ~?（今日は何の日ですか？）★过日子 guò ~（日を過ごす，暮らす）

róngyì 容易 形 ①容易だ。たやすい。[41] ★那很容易。Nà hěn ~.（それは簡単だ。）②…しやすい。★容易懂 ~ dǒng（理解しやすい）

ròu 肉 名 肉。[35] ★牛肉 niú~（牛肉）★你喜欢吃肉，还是喜欢吃鱼？Nǐ xǐhuan chī ~, háishi xǐhuan chī yú?（肉が好きですか，魚が好きですか？）

rú 如 動 ①…のようだ。[43] ★风景如画 fēngjǐng ~huà（風景が絵のようだ）②例えば。[30] ★如北京、上海等 ~ Běijīng、Shànghǎi děng（例えば北京，上海など）

rúguǒ 如果 接 もしも…ならば。[21] ★如果有困难，请跟我说。~ yǒu kùnnan, qǐng gēn wǒ shuō.（困った事があれば，知らせてください。）★如果风大，我就不去。~ fēng dà, wǒ jiù bú qù.（風が強ければ，行きません。）

rùxué 入学 動 入学する。[63] ★入学考试 ~

kǎoshì（入学試験）

S

sài 赛 動 競う。競争する。[55] ★赛马 ～mǎ（競馬をする）★赛龙船 ～ lóngchuán（竜船のレースをする）

sànbù 散步 動 散歩する。[3] ●"散"と"步"に分離することがある。★去公园散步 qù gōngyuán ～（公園に行って散歩する）★散散步 sànsan bù（ちょっと散歩する）★散了一会儿步 sànle yíhuìr bù（しばらく散歩した）

sēng 僧 名 僧。僧侶。[19] ★僧人 ～rén（お坊さん）

shān 山 名 山。[4] ★一座山 yí zuò ～（1つの山）★名山大川 míng～ dàchuān（名山大河，有名な山河）

shàng 上 方 ①上。[4] ★山上 shān ～（山の上）★历史上 lìshǐ ～（歴史上）②前の。[69] ★上个月 ～ ge yuè（先月）●"上月"とも言う。動 ①上がる。のぼる。[60] ★上山 ～ shān（山に登る）★上大学 ～ dàxué（大学に上がる，大学に通う）②方向補語として，動作が上向きに行われること，ぴったりくっつくこと，到達することなどを表す。[10] ★爬上了 pá～ le（登った，登りつめた）★请把门关上。Qǐng bǎ mén guān～．（ドアを閉めてください。）★孩子考上大学了。Háizi kǎo～ dàxué le.（子どもが大学に合格した。）

shāngdiàn 商店 名 商店。[26] ★一家商店 yì jiā ～（1軒の商店）

shànglái/shànglai 上来 動 ①上がって来る。のぼって来る。●"上"に方向補語の"来"がついたもの。★你上来吧。Nǐ ～ ba.（上がっておいでよ。）★上不来 shàngbulái（上がって来られない）●可能補語の否定形。②方向補語として，動作が上向きに行われてくることを表す。[12] ★跑上来 pǎo ～（駆け上がって来る）

shàngqù/shàngqu 上去 動 ①上がって行く。のぼって行く。●"上"に方向補語の"去"がついたもの。★我们上去吧。Wǒmen ～ ba.（上がって行こうよ。）★上不去 shàngbuqù（上がって行けない）●可能補語の否定形。②方向補語として，動作が上向きに行われていくことを表す。[12] ★跑上去 pǎo ～（駆け上がって行く）★看上去 kàn ～（見上げる，見たところ）

shānshuǐ 山水 名 山水。[43] ★山水画 ～huà（山水画）

shāo 稍 副 少し。ちょっと。[35] ★稍甜点儿 ～ tián diǎnr（少し甘い）★请稍等。Qǐng ～ děng.（ちょっとお待ちください。）

shǎo 少 形 少ない。[2] ★不少人 bù ～ rén（多くの人）

shàonǚ 少女 名 少女。[42]

shǎoshù 少数 名 少数。[27] ★少数民族 ～ mínzú（少数民族）★少数人 ～ rén（一部の人）

shāowēi 稍微 副 少し。ちょっと。[34] ★这个比那个稍微贵一点儿。Zhège bǐ nàge ～ guì yìdiǎnr.（これはあれより少し値段が高い。）★请稍微等一下。Qǐng ～ děng yíxià.（ちょっとお待ちください。）

shé 蛇 名 ヘビ。[35] ★一条蛇 yì tiáo ～（1匹のヘビ）

shéi/shuí 谁 疑 誰。[37] ★谁知道？ ～ zhīdào?（誰が知っているのか？）★谁也不知道。 ～ yě bù zhīdào.（誰も知らない。）●"也""都 dōu"と呼応すると「誰も，誰でも」という意味を表す。

shēn 深 形 深い。[18] ★这个湖水很深。Zhège hú shuǐ hěn ～．（この湖は水深が深い。）★印象很深 yìnxiàng hěn ～（印象深い）

shèn 甚 副 はなはだ。非常に。[13]

shēng 升 動 上がる。あげる。[13] ★太阳升起来了。Tàiyáng ～ qǐlái le.（太陽が昇った。）★升旗 ～qí（旗を揚げる）

shěng 省 名 省。中国の行政単位。[2] ★省会 ～huì（省都，省の行政府所在地）動 省く。節約する。★省钱 ～ qián（お金を節約する）

shèngdà 盛大 形 盛大だ。[54] ★盛大的欢迎会 ～ de huānyínghuì（盛大な歓迎会）

shèngdì 胜地 名 景勝地。[42] ★旅游胜地 lǚyóu ～（観光名所）

shēnghuó 生活 名 生活。[30] ★生活习惯 ～ xíguàn（生活習慣）動 生活する。[30] ★一个人生活 yí ge rén ～（1人暮らしをする）

shèngmíng 盛名 名 盛名。高い評判。[38] ★久

読む辞典　111

负盛名 jiǔfù ～（昔から評判が高い）

shēngqì 生气 動 怒る。腹を立てる。[33] ★你别生气。Nǐ bié ～.（怒らないでください。）

shēngwùxué 生物学 名 生物学。[64]

shēngyù 声誉 名 声望。誉れ。[46]

shénme 什么 疑 何。何の。どんな。[1] ★你吃什么？Nǐ chī ～?（何を食べますか？）★你有什么事？Nǐ yǒu ～ shì?（何の用事がありますか？）★你有什么事吗？Nǐ yǒu ～ shì ma?（何か用事がありますか？）●この"什么"は「何か」という意味。★什么都有。～ dōu yǒu.（何でもある。）●"都""也 yě"と呼応すると「何でも，何も」という意味を表す。

shénmede 什么的 助 …など。[35] ★馒头、面条什么的 mántou、miàntiáo ～（マントー，うどんなど）

shī 诗 名 詩。[60] ★这首诗 zhè shǒu ～（この詩）★唐诗 táng～（唐詩）★诗情画意 ～qíng huàyì（詩歌や絵画の境地，情趣ある美しさ）

shí 时 名 時。[10] ★这时 zhè ～（この時）★上大学时 shàng dàxué ～（大学生の時）★时时～～（いつも，しょっちゅう）

shǐ 使 動 ①使う。★不好使 bù hǎo～（使いにくい）②…に～させる。[15] ●使役を表す。★使我失望 ～ wǒ shīwàng（私を失望させる）

shì 事 名 事。用事。[17] ★那件事 nà jiàn ～（その事）★有事吗？Yǒu ～ ma?（何か用ですか？）★没事 méi ～（用がない，何でもない）

shì 是 動 そうである。…である。[1] ★是吗？～ ma?（そうですか？）★不是。Bú ～.（違います。）★他是中国人。Tā shì Zhōngguórén.（彼は中国人だ。）

shíbēi 石碑 名 石碑。[19]

shídài 时代 名 時代。[54] ★战国时代 Zhànguó ～（戦国時代）

shìde 似的 助（"好像…似的"で）まるで…のようだ。[43] ★我好像做梦似的。Wǒ hǎoxiàng zuòmèng ～ de.（まるで夢を見ているようだ。）

shíhou 时候 名 時。時間。[2] ★这个时候 zhège ～（この時）★什么时候 shénme ～（いつ）★你去的时候 nǐ qù de ～（あなたが行く時，あなたが行った時）★有时候 yǒu ～（時には）●"有时"とも言う。★到时候 dào ～（その時になったら）●"到时"とも言う。

shìjì 世纪 名 世纪。[22] ★十一世纪 shíyī ～（11世紀）

shíjiān 时间 名 時間。[3] ★没时间 méi ～（時間がない）★得多长时间？Děi duō cháng ～?（どれくらいの時間がかかりますか？）

shìjiè 世界 名 世界。[4] ★世界上 ～ shàng（世界で）★全世界 quán ～（全世界）★世界屋脊 ～ wūjǐ（世界の屋根）

shíjìshàng/shíjishang 实际上 副 実際に。[35]

shījù 诗句 名 詩句。詩の文句。[46]

shìnèi 市内 名 市内。[42]

shípǐn 食品 名 食品。[38] ★食品公司 ～ gōngsī（食品会社）

shìqing 事情 名 事。用事。[26] ★你有事情吗？Nǐ yǒu ～ ma?（何か用ですか？）

shìqū 市区 名 市街区。市街地。[13]

shīrén 诗人 名 詩人。[46] ★大诗人 dà～（大詩人）

shíshí 时时 副 いつも。しょっちゅう。[48]

shīwàng 失望 動 失望する。[15] ★使父母失望 shǐ fùmǔ ～（両親を失望させる）

shǒu 手 名 手。[57] ★两只手 liǎng zhī ～（両手）★手里 ～ lǐ（手の中）

shǒu 首 量 詩や歌を数える。[60] ★一首诗 yì ～ shī（1首の詩）

shòu 瘦 形 瘦せている。[29] ★你瘦了吧？Nǐ ～ le ba?（痩せたのでは？）

shǒubǐ 手笔 名 直筆（の作品）。[19] ★名家手笔 míngjiā ～（著名人の直筆）

shǒubiǎo 手表 名 腕時計。[57] ★戴手表 dài ～（腕時計をはめる）

shōucáng 收藏 動 収集する。収蔵する。[19]

shǒudū 首都 名 首都。[1] ★中国的首都 Zhōngguó de ～（中国の首都）

shōushi 收拾 動 片付ける。整理する。[57] ★房间里很乱，我收拾一下。Fángjiān lǐ hěn luàn, wǒ ～ yíxià.（部屋の中が散らかっているので，ちょっと片付けます。）★收拾好了 ～ hǎo le（ちゃんと片付けた）

shǒuxiān 首先 副 最初に。真っ先に。[42] ★首

先我来自我介绍。～ wǒ lái zìwǒ jièshào.（最初に自己紹介します。）

shǒuxù 手续 名 手続き。[53] ★办手续 bàn ～（手続きをする）

shū 书 名 本。書物。[15] ★一本书 yì běn ～（1冊の本）★看书 kàn ～（本を読む）

shǔ 数 動 数える。[38] ★数一数 ～ yì ～（数えてみる）★数不胜数 ～búshèng～（数えきれないほど多い）

shuài 帅 形 かっこいい。[41] ★他帅极了。Tā ～jí le.（彼は実にかっこいい。）

shǔdezháo 数得着 動 1, 2に数えられる。[38] ●可能補語の肯定形。他的成绩是全校数得着的。Tā de chéngjì shì quánxiào ～ de.（彼の成績は全校で1, 2を争う。）

shūfǎ 书法 名 書道。[19] ★书法家 ～jiā（書道家, 書家）

shūfu 舒服 形 心地よい。[13] ★身体不舒服 shēntǐ bù ～（体調が悪い）

shuǐ 水 名 水。[4] ★冰凉的水 bīngliáng de ～（冷たい水）★开水 kāi～（湯）★水开了。～ kāi le.（お湯が沸いた。）★一衣带水 yìyīdài～（1本の帯のような細い川や海, 至近距離にあることの例え）★滴水成冰 dī～ chéngbīng（したたる水が氷になる, 非常に寒い様子）

shuì 睡 動 眠る。寝る。[45] ★睡着了 ～zháo le（寝ついた）★睡不着 ～buzháo（眠れない, 寝つけない）●可能補語の否定形。

shuǐjiǎo 水饺 名 水ギョーザ。[38]

shuìjiào 睡觉 動 眠る。寝る。[42] ●"睡"と"觉"に分離することがある。★你晚上几点睡觉? Nǐ wǎnshang jǐ diǎn ～?（夜何時に寝ますか？）★睡一觉 shuì yí jiào（ひと眠りする）★睡不着觉 shuìbuzháo jiào（眠れない,寝つけない）●"睡不着"は可能補語の否定形。

shǔjià 暑假 名 夏休み。[1] ★放暑假 fàng ～（夏休みになる）

shùnbiàn 顺便 副 ついでに。[43] ★我顺便去买东西。Wǒ ～ qù mǎi dōngxi.（ついでに買い物に行ってきます。）

shuō 说 動 ①話す。言う。[3] ★说汉语 ～ Hànyǔ（中国語を話す）★说话 ～huà（話をする）②叱る。★我被爸爸说了。Wǒ bèi bàba ～ le.（父に叱られました。）

shuōhuà 说话 動 話す。話をする。[12] ●"说"と"话"に分離することがある。★他不爱说话。Tā bú ài ～.（彼は口数が少ない。）★说起话来 shuōqǐ huà lái（話し始める）●"说起"と"来"の間に"话"が入ったもの。

sǐ 死 動 ①死ぬ。②（"…死了"で）程度がはなはだしいことを表す。…でたまらない。[3] ★饿死了 è～ le（腹ぺこだ）●「餓死した」という意味にもなる。★饿死我了 è～ wǒ le（腹ぺコだ）★把我饿死了 bǎ wǒ è～ le（腹ぺコだ）

sīchóu 丝绸 名 絹織物。[22] ★丝绸之路 ～ zhī Lù（シルクロード, 絹の道）

sìhū 似乎 副 …のようだ。[64]

sìjì 四季 名 四季。[43] ★四季如春 ～ rúchūn（四季春のごとし, 1年中春のようだ）

sīniàn 思念 動 懐かしむ。恋しく思う。[55] ★思念家乡 ～ jiāxiāng（ふるさとを懐かしむ）

sīxiǎngjiā 思想家 名 思想家。[61]

sòng 送 動 ①（物を）贈る。[64] ★我送你一本书。Wǒ ～ nǐ yì běn shū.（あなたに本を1冊プレゼントします。）★我把这本书送给你。Wǒ bǎ zhè běn shū ～ gěi nǐ.（この本をあなたにプレゼントします。）②（人を）見送る。★谢谢你送我回家。Xièxie nǐ ～ wǒ huíjiā.（家まで送ってくれてありがとう。）

sǒnglì 耸立 動 そびえ立つ。[13] ★耸立着 ～ zhe（そびえ立っている）

suān 酸 形 酸っぱい。[35] ★有点儿酸 yǒudiǎnr ～（ちょっと酸っぱい）

suīrán 虽然 接 …だけれども。[30] ★虽然下雪, 可是不冷。～ xià xuě, kěshì bù lěng.（雪が降っているが, 寒くない。）

suǒ 所 量 家屋・学校・病院などを数える。[63] ★一所学校 yì ～ xuéxiào（ある学校） 助 ①…するところ（のもの）。[65] ★他所说的 tā ～ shuō de（彼が言うこと）②（"为…所～"で）…に～される。[65] ●受身を表す。★为人们所知道 wéi rénmen ～ zhīdào（人々に知られる）

suǒyǐ 所以 接 だから。[19] ★因为天气不好, 所以我不出去。Yīnwèi tiānqì bù hǎo, ～ wǒ bù chūqù.（天気が悪いので，だから出かけません。）

T

tā 他 代 彼。[3] ★他们 ～men（彼ら）

tā 它 代 それ。[4] ★它们 ～men（それら）

tā 她 代 彼女。[3] ★她们 ～men（彼女ら）

tǎ 塔 名 塔。[18] ★一座塔 yí zuò ～（1つの塔）

tài 太 副 とても。あまりにも。[1] ★那太好了。Nà ～ hǎo le.（それはいい。）★不太好 bú ～ hǎo（あまりよくない）

tàng 趟 量 行く回数や来る回数を数える。[59] ★我去一趟。Wǒ qù yí ～.（1度行ってきます。）★你来一趟吧。Nǐ lái yí ～ ba.（1度来てください。）

tànxī 叹息 動 嘆息する。ため息をつく。[64]

táo 陶 名 陶器。[18]

tèbié 特别 形 特別だ。特殊だ。★很特别 hěn ～（とても特殊だ，変わっている） 副 特別に。とりわけ。[28] ★她穿的衣服特别漂亮。Tā chuān de yīfu ～ piàoliang.（彼女が着ている服は特別きれいだ。）

tèdiǎn 特点 名 特徴。[30] ★什么特点 shénme ～（どんな特徴）★很有特点 hěn yǒu ～（とても特徴がある，特徴的だ）

téng 疼 形 痛い。[37] ★头疼 tóu～（頭が痛い）

téng'ài 疼爱 動 かわいがる。[41] ★他特别疼爱女儿。Tā tèbié ～ nǚ'ér.（彼は娘を特別にかわいがっている。）

tèsè 特色 名 特色。[38] ★有特色 yǒu ～（特色がある）★独具特色 dújù ～（独特の特色を持っている）

tiān 天 名 ①天。空。★天黑了。～ hēi le.（日が暮れた。）②日。[48] ★两天 liǎng ～（2日間）★那天 nà ～（その日）★每天 měi ～（毎日）★有一天 yǒu yì ～（ある日）★天天 ～～（毎日）

tián 甜 形 甘い。[35] ★我喜欢吃甜的。Wǒ xǐhuan chī ～ de.（私は甘い食べ物が好きです。）★甜味 ～wèi（甘い味，甘味）

tiānkōng 天空 名 空。天空。[54] ★天空中 ～ zhōng（空に）

tiānqì 天气 名 天気。気候。[21] ★天气怎么样? ～ zěnmeyàng?（天気はどうですか？）

tiāntáng 天堂 名 天国。楽園。[42] ★人间天堂 rénjiān ～（この世の楽園）

tiānxià 天下 名 天下。[43] ★甲天下 jiǎ ～（天下第1）

tiáo 条 量 細長いものを数える。[24] ★一条河 yì ～ hé（1本の川）★这条路 zhè ～ lù（この道）

tiào 跳 動 跳ぶ。跳ねる。[10] ★跳起来 ～ qǐlái（跳び上がる）★跳舞 ～wǔ（ダンスをする）

tiē 贴 動 はる。はり付ける。[51] ★贴邮票 ～ yóupiào（切手をはる）★贴上了 ～shàng le（はり付けた）

tīng 听 動 聞く。[27] ★听音乐 ～ yīnyuè（音楽を聞く）

tǐng 挺 副 とても。非常に。[10] ★挺忙的 ～ máng de（とても忙しい）

tīngjiàn 听见 動 聞こえる。耳に入る。[59] ●「聞いた結果，聞こえる」という意味。★听见了 ～ le（聞こえた）★什么也听不见。Shénme yě tīngbujiàn.（何も聞こえません。）●"听不见"は可能補語の否定形。

tīngshuō 听说 動 （人が言うのを）聞く。…と聞いている。…だそうだ。[1] ●"听"と"说"に分離することがある。★听说你打算去中国。～ nǐ dǎsuàn qù Zhōngguó.（中国に行くつもりだそうですね。）★听爸爸说 tīng bàba shuō（父が言うのを聞く，父から聞く）

tǐyàn 体验 動 体験する。身をもって経験する。[38] ★体验到了 ～ dào le（身をもって体験した）

tǒngchēng 统称 動 総称する。[30] ★统称为 ～ wéi（…と総称する，まとめて…と言う）

tōngxìn 通信 動 便りを交わす。通信する。[65] ★以前我们常通信。Yǐqián wǒmen cháng ～.（以前我々はよく手紙をやり取りしていた。）

tǒngyī 统一 動 統一する。★把意见统一起来 bǎ yìjiàn ～ qǐlái（意見を統一する，意見をまとめ上げる） 形 統一された。一致した。[30] ★统一的意见 ～ de yìjiàn（一致した意見）

tōngzhī 通知 動 通知する。★通知大家 ～ dàjiā（みんなに通知する） 名 通知。[33] ★发通知 fā ～（通知を出す）

tōu 偷 動 盗む。[63] ★偷东西 ～ dōngxi（物を盗む）★偷偷儿地拿走了 ～～r de názǒu le（こっ

そりと持ち去った）

tóu 投 動 ①投げる。②身投げする。[55] ★投河 ～ hé（川に身を投げる）★投江 ～ jiāng（川に身を投げる）

túhuà 图画 名 図画。絵。[61] ★一幅美丽的图画 yì fú měilì de ～（1幅の美しい絵）

tūrán 突然 形 突然だ。[17] ★太突然了 tài ～ le（まったく突然だ）★他突然站住了。Tā ～ zhànzhù le.（彼は突然立ち止まった。）

W

wàibian 外边 方 外。[36]

wàiguórén 外国人 名 外国人。[33]

wàitou 外头 方 外。[54]

wàn 万 数 万。[4] ★一万 yí～（1万）★两万 liǎng～（2万）

wǎng 往 介 …に向かって。[63] ★往前走 ～ qián zǒu（前に向かって行く）

wàng 忘 動 忘れる。[46] ★别忘了。Bié ～ le.（忘れないで。）★流连忘返 liúlián wàngfǎn（遊びふけって帰るのを忘れる）

wángcháo 王朝 名 王朝。[4] ★历代王朝 lìdài ～（歴代王朝）

wàngyuè 望月 名 満月。[54]

wánr 玩儿 動 遊ぶ。[1] ★去公园玩儿 qù gōngyuán ～（公園に行って遊ぶ）★玩儿了两天 ～le liǎng tiān（2日間遊んだ）

wǎnshang 晚上 名 晩。夜。[42] ★晚上好！～ hǎo！（今晩は！）

wéi 为 動 …になる。…となす。[4] ★称为 ～ wéi（…と称する，と呼ぶ） 介（"为…所～"で）…に～される。[65] ●受身を表す。★为人所笑 ～ rén suǒ xiào（人に笑われる）

wèi 为 介 …のために。[64] ★为留学生举行欢迎会 ～ liúxuéshēng jǔxíng huānyínghuì（留学生のために歓迎会を行う）

wèi 位 量 人を丁寧に数える。[33] ★这位老师 zhè ～ lǎoshī（この先生）★各位朋友 gè ～ péngyou（友人各位，友人の皆様）

wěidà 伟大 形 偉大だ。[18] ★伟大的文学家 ～ de wénxuéjiā（偉大な文学者）

wèidào/wèidao 味道 名 味。[8] ★味道怎么样？ ～ zěnmeyàng？（味はどうですか？）

wèile 为了 介 …のために。[18] ★为了迎接新年，他买了很多东西。～ yíngjiē xīnnián, tā mǎile hěn duō dōngxi.（新年を迎えるために，彼はいろいろな物を買った。）

wèi shénme 为什么 疑 なぜ。どうして。[28] ★这是为什么呢？Zhè shì ～ ne？（これはなぜですか？）★你为什么不去？Nǐ ～ bú qù？（どうして行かないの？）

wēixiǎn 危险 形 危険だ。[59] ★多危险 duō ～（何と危険だ）

wèiyú 位于 動 …に位置する。…にある。[4]

wéizhǔ 为主 動 主とする。[38] ★以米饭为主 yǐ mǐfàn ～（コメを主食とする）

wénhuà 文化 名 文化。[1] ★传统文化 chuántǒng ～（伝統文化）★食文化 shí～（食文化）

wénmíng 闻名 動 名が聞えている。有名だ。[13] ★世界闻名 shìjiè ～（世界的に有名だ）★闻名世界 ～ shìjiè（世界的に有名だ）

wēnquán 温泉 名 温泉。[19] ★洗温泉 xǐ ～（温泉に入る）

wèntí 问题 名 問題。[53] ★有问题 yǒu ～（問題がある）★没问题 méi ～（問題がない，大丈夫だ）★解决问题 jiějué ～（問題を解決する）

wénxué 文学 名 文学。[60] ★文学家 ～jiā（文学者）

wǒ 我 代 私。[1] ★我们 ～men（私たち）

wú 无 動 …がない。[65] ★无数 ～shù（無数だ）★杳无 yǎo ～（影も形もない）★无从 ～cóng（…するすべがない）★无非 ～fēi（ただ…だけだ）

wúliáo 无聊 形 つまらない。退屈だ。[65] ★太无聊了。Tài ～ le.（まったくつまらない。）

wūzi 屋子 名 部屋。[59] ★屋子里 ～ lǐ（部屋の中）

X

xī 西 方 西。[4] ★西岸 xī'àn（西岸）★往西走 wǎng ～ zǒu（西へ向かって行く）

xǐ 洗 動 洗う。[15] ★洗衣服 ～ yīfu（服を洗う，洗濯する）★洗耳恭听 ～'ěr gōngtīng（耳を洗って恭しく聴く，謹んで拝聴する）

読む辞典　115

xià 下 方①下。[42] ★往下看 wǎng ～ kàn（下を見る）②次の。★下个月 ～ ge yuè（来月）●"下月"とも言う。動①下る。降りる。②（雨や雪が）降る。[12] ★下雨 ～ yǔ（雨が降る）★下起雨来了。～qǐ yǔ lái le.（雨が降り始めた。）●"下起"と"来"の間に"雨"が入ったもの。③方向補語として，動作が下向きに行われることなどを表す。[12] ★坐下 zuò～（座る，腰を下ろす）

xǐ'ài 喜爱 動 好む。愛好する。[69]

xiàlái/xiàlai 下来 動①下って来る。降りて来る。●"下"に方向補語の"来"がついたもの。★你快下来。Nǐ kuài ～.（はやく降りて来なさい。）★下不来 xiàbulái（降りて来られない）●可能補語の否定形。②方向補語として，動作が下向きに行われてくることなどを表す。[12] ★跑下来 pǎo ～（駆け下りて来る）★写下来 xiě ～（書き留めておく）

xiān 先 副 まず。先に。[55] ★我先走了。Wǒ ～ zǒu le.（お先に失礼します。）

xián 咸 形 塩辛い。[34] ★有点儿咸 yǒudiǎnr ～（ちょっと塩辛い）

xiǎng 想 動①思う。考える。[9] ★我想他一定来。Wǒ ～ tā yídìng lái.（彼はきっと来ると思います。）★我想想。Wǒ ～～.（ちょっと考えてみます。）★想不到 ～budào（思いもよらない）●可能補語の否定形。★想起来 ～ qǐlái（思い出す）★想不起来 ～buqǐlái（思い出せない）●可能補語の否定形。②…したいと思う。…したい。[3] ★你想去中国吗？ Nǐ ～ qù Zhōngguó ma?（中国に行きたいですか？）③恋しく思う。[50] ★想家 ～ jiā（家が恋しい，ホームシックにかかる）

xiàng 向 動 向かう。介 …に向かって。…に。[2] ★向东边走 ～ dōngbian zǒu（東に向かって行く）●"边"は省略可能。★向他学习 ～ tā xuéxí（彼に学ぶ）

xiàng 像 動①似ている。[51] ★我像爸爸。Wǒ ～ bàba.（私は父に似ている。）②…のようだ。[19] ★他像你一样聪明。Tā ～ nǐ yíyàng cōngmíng.（彼はあなたと同じように賢い。）

xiāngchuán 相传 動 …と伝えられている。言い伝えによると。[54]

xiàngwǎng 向往 動 心を寄せる。あこがれる。[22] ★向往日本 ～ Rìběn（日本にあこがれる）

xiǎngyǒu 享有 動（人望などを）受けている。博している。[46]

xiàngzhēng 象征 動 象徴する。[52] 名 象徴。

xiānhòu 先后 副 前後して。次々と。[22] ★姐妹俩先后结婚了。Jiěmèi liǎ ～ jiéhūn le.（姉妹2人は相次いで結婚した。）名 先と後。順序。

xiānjìng 仙境 名 仙境。仙人の住む所。[46] ★人间仙境 rénjiān ～（この世の仙境）

xiànmù 羡慕 動 羨望する。羨ましい。[41] ★我真羨慕你。Wǒ zhēn ～ nǐ.（本当にあなたが羨ましい。）

xiānsheng 先生 名①男性に対する敬称。②先生。[61]

xiànshí 现实 名 現実。形 現実的だ。[61] ★现实主义 ～ zhǔyì（現実主義，リアリズム）

xiànzài 现在 名 今。現在。[22] ★现在开始。～ kāishǐ.（今から始めます。）

xiào 笑 動 笑う。[12] ★你笑什么？ Nǐ ～ shénme?（何を笑っているのか？）

xiǎoháir 小孩儿 名 子ども。[41] ★带小孩儿 dài ～（子どもを連れる）

xiǎoshuō 小说 名 小説。[61] ★看小说 kàn ～（小説を読む）

xiāoxi 消息 名①ニュース。★最新的消息 zuì xīn de ～（最新のニュース）②便り。音信。[65] ★没有消息 méiyǒu ～（便りがない）★杳无消息 yǎowú ～（まったく便りがない）

xiàqù/xiàqu 下去 動①下って行く。降りて行く。●"下"に方向補語の"去"がついたもの。●我下去看看。Wǒ ～ kànkan.（ちょっと降りて見てきます。）★下不去 xiàbuqù（降りて行けない）●可能補語の否定形。②方向補語として，動作が下向きに行われていくことや継続することを表す。[12] ★跑下去 pǎo ～（駆け下りて行く）★干下去 gàn ～（やり続ける）

xībian 西边 方 西。西側。[13]

xībié 惜别 動 別れを惜しむ。[64]

xībù 西部 名 西部。[4]

xiě 写 動 書く。[60] ★写字 ～ zì（字を書く）

★写信 ～ xìn（手紙を書く）

xièxie 谢谢 動 感謝する。ありがとう。[2] ★谢谢你 ～ nǐ（あなたに感謝する，ありがとう）

xíguàn 习惯 動 慣れる。★习惯了 ～ le（慣れた） 名 習慣。[30] ★不好的习惯 bù hǎo de ～（悪い習慣）

xǐhuan 喜欢 動 好む。好きだ。[28] ★你喜欢吃什么? Nǐ ～ chī shénme?（好物は何ですか？）

xīn 新 形 新しい。[54] ★新衣服 ～ yīfu（新しい服） 副 新たに。★新来的留学生 ～ lái de liúxuéshēng（新しく来た留学生）

xìn 信 名 手紙。[65] ★寄信 jì ～（手紙を出す）★写一封信 xiě yì fēng ～（手紙を1通書く） 動 信じる。★你信不信? Nǐ ～ bú ～?（信じますか？）

xīn'ài 心爱 動 心から愛する。[55]

xīng 星 名 星。[46] ●普通は"星星 ～xing"と言う。★一颗星 yì kē ～（1つの星）★星罗棋布 ～luó qíbù（空の星や碁盤の石のように一面に分布している）

xíngchéng 形成 動 形成する。形作る。[30]

xīngfèn 兴奋 動 興奮する。気持ちが高ぶる。[42] ★不要太兴奋了。Búyào tài ～ le.（そんなに興奮しないで。）

xìnggé 性格 名 性格。[65]

xìngmíng 姓名 名 姓名。氏名。[65]

xīngqī 星期 名 週。[1] ★这个星期 zhège ～（今週）★一个星期 yí ge ～（1週間）★星期天 ～ tiān（日曜日）★星期日 ～rì（日曜日）★星期几 ～jǐ（何曜日）●"星期"の後ろに"一 yī"～"六 liù"を置くと「月曜日」～「土曜日」の意味になる。

xìngqù 兴趣 名 興味。関心。おもしろみ。[19] ★我对文学感兴趣。Wǒ duì wénxué gǎn ～.（私は文学に興味があります。）

xíngzhuàng 形状 名 形状。形。[51] ★形状不一样 ～ bù yíyàng（形が異なる）

xīnlǐ/xīnli 心里 名 心の中。心中。[65] ★心里有话 ～ yǒu huà（言いたい事がある）★记在心里 jì zài ～（しっかり覚えておく）

xīnnián 新年 名 新年。[54] ★新年好! ～ hǎo!（新年おめでとう！）★迎接新年 yíngjiē ～（新年を迎える）

xìnyǎng 信仰 動 信仰する。[28] ★信仰宗教 ～ zōngjiào（宗教を信じる）

xióngwěi 雄伟 形 雄大だ。壮大だ。[9] ★雄伟的长城 ～ de Chángchéng（雄大な万里の長城）

xiūjiàn 修建 動 建設する。建造する。[18]

xiùlì 秀丽 形 秀麗だ。麗しい。[4] ★风景秀丽 fēngjǐng ～（風景が麗しい，風光明媚だ）

xiūxi 休息 動 休む。休憩する。[57] ★休息一下 ～ yíxià（ちょっと休憩する）★休息一会儿 ～ yíhuìr（しばらく休憩する）

xīwàng 希望 動 希望する。[64] ★她希望将来当老师。Tā ～ jiānglái dāng lǎoshī.（彼女は将来先生になることを希望している。） 名 希望。期待。[65] ★父亲对我的希望 fùqīn duì wǒ de ～（父の私に対する期待）★还有希望 hái yǒu ～（まだ望みがある）

xīyǐn 吸引 動 引きつける。[22] ★吸引年轻人 ～ niánqīngrén（若者を引きつける）

xuānbù 宣布 動 宣言する。公布する。[13]

xǔduō 许多 形 多い。たくさん。[14] ★许多人 ～ rén（大勢の人）

xué 学 動 学ぶ。習う。[2] ★学汉语 ～ Hànyǔ（中国語を学ぶ）★学开车 ～ kāichē（車の運転を習う）

xuě 雪 名 雪。[31] ★下雪 xià ～（雪が降る）

xuěbái 雪白 形 （雪のように）白い。[57] ★雪白雪白的墙 ～ ～ de qiáng（真っ白な壁）

xuénián 学年 名 学年。[64] ★第二学年 dì-èr ～（第2学年）

xuésheng/xuéshēng 学生 名 学生。生徒。[17]

xuéshù 学术 名 学術。[65]

xuéwen 学问 名 学問。[64] ★很有学问 hěn yǒu ～（とても学がある）★做学问 zuò ～（学問をする）

xuéxí 学习 動 学ぶ。習う。[1] ★学习汉语 ～ Hànyǔ（中国語を学ぶ） 名 学習。勉強。★学习忙 ～ máng（勉強が忙しい）

xuéxiào 学校 名 学校。[33] ★这所学校 zhè suǒ ～（この学校）

xún 寻 動 さがす。尋ねる。[64]

Y

yǎnfú 眼福 名 目の楽しみ。目の保養。[19] ★大饱眼福 dàbǎo ～（大いに目の保養をする）

yánglì 阳历 名 太陽暦。新暦。[54]

yángròu 羊肉 名 ヒツジ肉。マトン。[6] ★羊肉串 ～chuàn（シシカバブ）★涮羊肉 shuàn～（ヒツジ肉のしゃぶしゃぶ）

yǎnjiè 眼界 名 視野。[46] ★大开眼界 dàkāi ～（大いに視野を広げる）

yǎnjing 眼睛 名 目。[57] ★一只眼睛 yì zhī ～（片方の目）★大大的眼睛 dàdà de ～（大きな目）

yánjiū 研究 動 研究する。検討する。[14] ★研究一下 ～ yíxià（ちょっと研究する）

yǎnlǐ/yǎnli 眼里 名 目の中。眼中。[65]

yánxínglù 言行录 名 言行録。[60]

yǎnyuán 演员 名 俳優。[45] ★电影演员 diànyǐng ～（映画俳優）

yào 要 動 要る。必要とする。[3] ★你要什么? Nǐ ～ shénme?（何がほしいですか？）★要多长时间? ～ duō cháng shíjiān?（どれくらいの時間がかかりますか？）助動 …したい。…しなければならない。…しようとする。[42] ★你要买什么? Nǐ ～ mǎi shénme?（何が買いたいのですか？）★我要去一趟。Wǒ ～ qù yí tàng.（1度行かなければならない。）★要下雨了。～ xià yǔ le.（雨が降りそうだ。）

yàomìng 要命 動 ①命を取る。②補語として、程度がはなはだしいことを表す。…でたまらない。[39] ★忙得要命 máng de ～（忙しくてたまらない）

yàoshi 要是 接 もしも…ならば。[19] ★要是有机会，请再来。～ yǒu jīhuì, qǐng zài lái.（機会があれば、また来てください。）★要是下雨，我就不去。～ xià yǔ, wǒ jiù bú qù.（雨が降ったら、行きません。）

yàoshi 钥匙 名 鍵。キー。[6] ★一把钥匙 yì bǎ ～（1本の鍵）

yāsuìqián 压岁钱 名 お年玉。[54]

Yàzhōu 亚洲 名 アジア。[4]

yě 也 副 …も。…もまた。[1] ★他也是中国人。Tā ～ shì Zhōngguórén.（彼も中国人だ。）★故宫也叫紫禁城。Gùgōng ～ jiào Zǐjìnchéng.（故宫は紫禁城とも呼ばれる。）

yèkōng 夜空 名 夜空。[55]

yèwǎn 夜晚 名 夜。晩。[54]

yī 一 数 ①1。[1] ●後ろに第1声・第2声・第3声が続く時、第4声"yì"に変調する。また、後ろに第4声が続く時、第2声"yí"に変調する。ただし、「1番目」という意味で使われた場合や数字を1つずつ読む場合は変調しない。★一杯茶 ～ bēi chá（1杯のお茶）★一件事 ～ jiàn shì（ある事）★第一课 dì-～ kè（第1課）★一九一一年 ～ jiǔ ～ ～ nián（1911年）②（1音節の動詞を重ねたものの間に入れて）ちょっと…する。…してみる。[42] ●"一"は省略可能。★想一想 xiǎng ～ xiǎng（考えてみる）★看一看 kàn ～ kàn（ちょっと見る）★看了一看 kànle ～ kàn（ちょっと見た）③（"一…就～"で）ちょっと…すればすぐに～。[30] ★一看就明白。～ kàn jiù míngbai.（ちょっと見ればすぐに分かる。）④（"一…也～"で）1…も～。[37] ★一次也没去过。～ cì yě méi qùguo.（1度も行ったことがない。）●"也"の代わりに"都 dōu"を使うこともある。

yǐ 以 介 …をもって。…を。…で。[13] ★以米饭为主 ～ mǐfàn wéizhǔ（コメを主食とする）接 そのことによって。[55]

yìbān 一般 形 一般的だ。普通だ。[34] ★一般人 ～rén（普通の人）★你一般几点回家? Nǐ ～ jǐ diǎn huíjiā?（普段何時に帰宅しますか？）★一般来说 ～ lái shuō（一般的に言うと）

yìbiān 一边 名 一方。副（"一边…一边～"で）…しながら～する。[55] ★一边看电视一边吃饭 ～ kàn diànshì ～ chīfàn（テレビを見ながら食事する）

yìdiǎnr 一点儿 数量 少し。ちょっと。[12] ★好一点儿了。Hǎo ～ le.（少しよくなった。）●この"一"は省略可能。★这个菜一点儿也不辣。Zhège cài ～ yě bú là.（この料理は少しも辛くない。）

yídìng 一定 形 一定の。ある程度の。[30] ★一定的知识 ～ de zhīshi（一定の知識）副 必ず。きっと。[24] ★我一定来。Wǒ ～ lái.（必ず来ます。）★他不一定来。Tā bù ～ lái.（彼は来る

とは限らない。)

yīfu 衣服 名 服。衣服。[15] ★一件衣服 yí jiàn ~（1着の服）★穿衣服 chuān ~（服を着る）★脱衣服 tuō ~（服を脱ぐ）

yígòng 一共 副 合わせて。全部で。[2] ★一共有五十个人。~ yǒu wǔshí ge rén.（全員で50人いる。）★一共多少钱? ~ duōshao qián?（合計いくらですか?）

yíhàn 遗憾 形 残念だ。遺憾だ。[19] ★感到遗憾 gǎndào ~（残念に思う）

yǐhòu 以后 名 以後。[2] ★以后还得努力。~ hái děi nǔlì.（今後さらに努力しなければならない。）★来中国以后 lái Zhōngguó ~（中国に来てから）● "来中国后" とも言う。

yìjiàn/yìjian 意见 名 意見。異論。[67] ★有意见 yǒu ~（意見がある、文句がある）★提意见 tí ~（意見を出す）

yǐjīng 已经 副 すでに。もう。[6] ★他已经来了。Tā ~ lái le.（彼はもう来ている。）

yíkuàir 一块儿 ● "一起 yìqǐ" に同じ。 副 一緒に。[1] 名 同じ所。

yǐlái 以来 名 以来。[46] ★十年以来 shí nián ~（10年来）● "十年来" とも言う。★长期以来 chángqī ~（これまで長期にわたって）

yìlì 屹立 動 そびえ立つ。[43] ★屹立着 ~zhe（そびえ立っている）

Yìndù 印度 名 インド。[18]

yīnggāi 应该 助動 ①当然…すべきだ。[30] ★学生应该好好儿学习。Xuésheng ~ hǎohāor xuéxí.（学生はしっかり勉強すべきだ。）★这是应该做的。Zhè shì ~ zuò de.（これは当然すべきことです。）★你这样很不应该。Nǐ zhèyàng hěn bù ~.（あなたがこうするのはとてもいけないことだ。）②…するはずだ。[54] ★五点了，他应该回来。Wǔ diǎn le, tā ~ huílái.（5時だから、彼はもう帰って来るはずだ。）

yíngjiē 迎接 動 迎える。[54] ★迎接客人 ~ kèrén（客を出迎える）★迎接新年 ~ xīnnián（新年を迎える）

yīngxióng 英雄 名 英雄。[13]

Yīngyǔ 英语 名 英語。[33]

yīnlì 阴历 名 陰暦。旧暦。[54]

yīnwèi/yīnwei 因为 接 …なので。なぜなら…。[19] ★因为没钱，所以我不能买。~ méi qián, suǒyǐ wǒ bù néng mǎi.（お金がないので、買えません。）★我不能买，因为没钱。Wǒ bù néng mǎi, ~ méi qián.（私には買えません、お金がないからです。） 介 …によって。★因为这件事，他很生气。~ zhè jiàn shì, tā hěn shēngqì.（この事で、彼はとても腹を立てている。）

yìnxiàng 印象 名 印象。[9] ★印象很深 ~ hěn shēn（とても印象深い）

yìqǐ 一起 副 一緒に。[22] ★咱们一起走吧。Zánmen ~ zǒu ba.（一緒に出かけましょう。）★我跟你一起吃饭。Wǒ gēn nǐ ~ chīfàn.（あなたと一緒に食事をします。） 名 同じ所。[36] ★住在一起 zhù zài ~（同じ所に住む）

yǐqián 以前 名 以前。[10] ★以前去过 ~ qùguo（以前行ったことがある）★来中国以前 lái Zhōngguó ~（中国に来る前）● "来中国前" とも言う。

yǐshàng 以上 名 以上。[27] ★二十岁以上 èrshí suì ~（20歳以上）

yīshí 衣食 名 衣食。[30] ★衣食方面 ~ fāngmiàn（衣食の面）

yìshù 艺术 名 芸術。[19] ★艺术家 ~jiā（芸術家） 形 芸術的だ。

Yīsīlánjiào 伊斯兰教 名 イスラム教。[28]

yǐwài 以外 名 以外。…のほか。[13] ★除此以外 chúcǐ ~（このほかに）★除了北京以外，我还想去天津。Chúle Běijīng ~, wǒ hái xiǎng qù Tiānjīn.（北京のほかに、天津にも行きたい。）

yǐwéi 以为 動 …と思う。…と思い込む。[60] ★我以为你不来了呢。Wǒ ~ nǐ bù lái le ne.（もうあなたが来ないと思っていました。）

yíxià 一下 数量 ちょっと（…する）。[28] ★你等一下。Nǐ děng ~.（ちょっと待ってください。）

yīxué 医学 名 医学。[64]

yíyàng 一样 形 同じだ。同一だ。[18] ★不一样 bù ~（異なる、違う）★跟你一样 gēn nǐ ~（あなたと同じだ）★像你一样年轻 xiàng nǐ ~ niánqīng（あなたと同じように若い）

yìzhí 一直 副 ①まっすぐに。[63] ★一直往前走 ~ wǎng qián zǒu（まっすぐ前に行く）②ずっと。

読む辞典　119

[24] ★他一直在那儿。Tā ~ zài nàr.（彼はずっとあそこにいる。）

yǐzi 椅子 [名] 椅子。[50] ★这把椅子 zhè bǎ yǐzi（この椅子）

yō 哟 [感] 軽い驚きを表す。[10] ★哟, 这怎么了? ~, zhè zěnme le?（おや, これはどうしたんだ？）

yòng 用 [動] ① 使う。用いる。★用电脑 ~ diànnǎo（パソコンを使う）②必要とする。[18] ★那还用说吗? Nà hái ~ shuō ma?（それは言う必要があるのか？それは言うまでもない。）[介]…を用いて。…で。[35] ★用汉语怎么说? ~ Hànyǔ zěnme shuō?（中国語で何と言いますか？）

yònggōng 用功 [動] 勉強する。[形] 勉強熱心だ。よく勉強する。[37] ★学习很用功 xuéxí hěn ~（勉強熱心だ）

yōngyǒu 拥有 [動] 擁する。持つ。[38]

yǒu 有 [動] 持っている。…がある。…がいる。[2] ★你有空吗? Nǐ ~ kòng ma?（暇がありますか？）★桌子上有什么? Zhuōzi shàng ~ shénme?（机の上に何がありますか？）★一个班有多少人? Yí ge bān ~ duōshao rén?（1クラスに何人いますか？）

yòu 又 [副] ①また。さらに。[65] ★他又来了。Tā ~ lái le.（彼はまたやって来た。）②（"又…又~"で）…のうえまた~。[34] ★他又高又胖。Tā ~ gāo ~ pàng.（彼は背が高くて太っている。）

yǒudiǎnr 有点儿 [副] 少し。ちょっと。[10] ● 好ましくないことに対して使う。★有点儿累了 ~ lèi le（少し疲れた）★有点儿不舒服 ~ bù shūfu（ちょっと気分が悪い）

yōujìng 幽静 [形] 物静かだ。静寂だ。[18] ★幽静的环境 ~ de huánjìng（静寂な環境）

yōujiǔ 悠久 [形] 悠久だ。非常に久しい。[13] ★悠久的历史 ~ de lìshǐ（悠久の歴史）

yóukè 游客 [名] 観光客。旅行者。[22]

yóulǎn 游览 [動] 遊覧する。[43]

yōuměi 优美 [形] 優美だ。[46] ★风景优美 fēngjǐng ~（風景が美しい）

yǒumíng 有名 [形] 有名だ。[4] ★有名的作家 ~ de zuòjiā（有名な作家）

yóunì 油腻 [形] 脂っこい。[34] ★中国菜油腻。Zhōngguócài ~.（中国料理は脂っこい。）

yǒushí 有时 [副] 時には。[42] ★有时出去玩儿 ~ chūqù wánr（遊びに出かける時もある）

yǒuxiē 有些 [代] 一部の…。★有些人 ~ rén（一部の人）[副] 少し。いささか。[64]

yǒu yìsi 有意思 [形] おもしろい。[28] ● "意思" は「意味」。★学汉语很有意思。Xué Hànyǔ hěn ~.（中国語の勉強はとてもおもしろい。）

yǒuyòng 有用 [形] 有用だ。役に立つ。[64] ★很有用 hěn ~（とても役立つ）

yóuyú 由于 [介]…によって。[9] ★由于时间关系, 今天不能多讲。~ shíjiān guānxì, jīntiān bù néng duō jiǎng.（時間の関係で, 今日は多く話せません。）

yú 于 [介]…で。…に。…より。[4] ★成立于一九四九年 chénglì ~ yī jiǔ sì jiǔ nián（1949年に成立する）

yú 鱼 [名] 魚。[52] ★一条鱼 yì tiáo ~（1匹の魚）

yǔ 与 [介]…と。[30] ★与他们共同生活 ~ tāmen gòngtóng shēnghuó（彼らと共に生活する）[接]…と~。[14] ★中国与日本 Zhōngguó ~ Rìběn（中国と日本）

yǔ 雨 [名] 雨。[12] ★下雨 xià ~（雨が降る）★雨下得很大。~ xià de hěn dà.（雨の降りが強い。）

yù 誉 [動] 褒める。褒めたたえる。[18] ★誉为 ~ wéi（…と褒めたたえる）

yuán 圆 [形] 丸い。[55] ★又圆又大 yòu ~ yòu dà（丸くて大きい）★圆圆的脸 ~~ de liǎn（真ん丸の顔）

yuǎn 远 [形] 遠い。[53] ★离这儿远 lí zhèr ~（ここから遠い）★有多远? Yǒu duō ~?（どれくらいの距離がありますか？）

Yuándàn 元旦 [名] 元旦。[54]

yuǎnfāng 远方 [名] 遠方。[55]

yuánlái 原来 [副] もともと。何だ…だったのか。[35] ★原来是这样。~ shì zhèyàng.（そういうことだったのか。）

yuǎnlí 远离 [動] 遠く離れる。[55] ★远离故乡 ~ gùxiāng（故郷を離れる）

yuánlín 园林 [名] 園林。造園。[42] ★园林艺术

~ yìshù(造園芸術)

yuànzi 院子 [名] 庭。中庭。[55]

yuè 月 [名] 月。[13] ★二月 èr~（2月）★两个月 liǎng ge ~（2か月）

yuè 越 [副]（"越…越~"で）…すればするほど~。[28] ★越看越喜欢 ~ kàn ~ xǐhuan（見れば見るほど気に入る）★越来越冷 ~ lái ~ lěng（ますます寒くなる）●"来"は時間の経過を表す。

yuèbing 月饼 [名] 月餅。[55]

yuèdú 阅读 [動] 読む。閲読する。[名] 読解。講読。[4]

yuèliang 月亮 [名] 月。[54] ★月亮出来了。~ chūlái le.（月が出た。）

yǔwén 语文 [名]（教科としての）国語。[60] ★语文课 ~ kè（国語の授業）

yǔyán 语言 [名] 言語。言葉。[27] ★学语言 xué ~（言葉を学ぶ）★语言学 ~xué（言語学）

Z

zài 再 [副] ①再び。[21] ★请再来。Qǐng ~ lái.（また来てください。）②それから。[57] ★先洗手再吃饭 xiān xǐ shǒu ~ chīfàn（手を洗ってから食事をする）

zài 在 [動] ある。いる。[4] ★你家在哪儿? Nǐ jiā ~ nǎr?（あなたの家はどこにありますか？）★他在哪儿? Tā ~ nǎr?（彼はどこにいますか？）[介]（どこどこ）で。（どこどこ）に。[2] ★在公司工作 ~ gōngsī gōngzuò（会社で働く）★住在北京 zhù ~ Běijīng（北京に住む）[副] …している（ところだ）。[15] ★你在干什么呢? Nǐ ~ gàn shénme ne?（何をしているの？）

zàijiàn 再见 [動] また会う。さようなら。[2]

zāng 脏 [形] 汚い。不潔だ。[8] ★衣服脏了。Yīfu ~ le.（服が汚れた。）★弄脏了 nòng~ le（汚した）

zànměi 赞美 [動] 賛美する。褒めたたえる。[46]

zánmen 咱们 [代]（話し相手を含んだ）私たち。[8]

zǎojiù 早就 [副] とっくに。[69] ★我早就知道了。Wǒ ~ zhīdào le.（私はとっくに知っていた。）

zǎoshang 早上 [名] 朝。[24] ★早上好! ~ hǎo!（おはようございます！）

zé 则 [接] 対比を表す。[38] ★北方菜油腻, 而南方菜则清淡。Běifāngcài yóunì, ér nánfāngcài ~ qīngdàn.（北方料理は脂っこいが, 南方料理はあっさりしている。）

zěnme 怎么 [疑] ①どのように。[1] ★你怎么了? Nǐ ~ le?（どうしたの？）★你是怎么知道的? Nǐ shì ~ zhīdào de?（どのように知ったのですか？）★这是怎么回事? Zhè shì ~ huí shì?（これはどういう事か？）●量詞"回"を伴って後ろの名詞"事"を修飾したもの。②なぜ。どうして。[53] ★他怎么还不来? Tā ~ hái bù lái?（彼はなぜまだ来ないのか？）③（"不怎么…"で）大して…ではない。[53] ★不怎么难 bù ~ nán（大して難しくない）

zěnmeyàng 怎么样 [疑] どのようであるか。[9] ★你最近怎么样? Nǐ zuìjìn ~?（最近いかがですか？）★不怎么样 bù ~（大したことはない）

zhàn 占 [動] 占める。[27] ★占多数 ~ duōshù（多数を占める）★占百分之九十 ~ bǎi fēn zhī jiǔshí（9割を占める）

zhàn 站 [動] 立つ。[12] ★站起来 ~ qǐlái（立ち上がる）★站不起来 ~buqǐlái（立ち上がれない）●可能補語の否定形。★站住 ~zhù（立ち止まる）[名] 駅。[17] ★北京站 Běijīng ~（北京駅）★火车站 huǒchē~（列車の駅）

zhāng 张 [動] 開ける。[量] 紙・ベッド・机など平らな面を持った物を数える。[15] ★一张纸 yì ~ zhǐ（1枚の紙）★一张床 yì ~ chuáng（1台のベッド）★这张桌子 zhè ~ zhuōzi（この机）

zhàngfu 丈夫 [名] 夫。[41] ★丈夫和妻子 ~ hé qīzi（夫と妻）

zháo 着 [動] 補語として, 目的が達せられることを表す。[42] ★找着了 zhǎo~ le（さがし当てた）★找不着 zhǎobu~（さがせない, 見つからない）●可能補語の否定形。

zhǎo 找 [動] ①（物を）さがす。[11] ★你在找什么呢? Nǐ zài ~ shénme ne?（何をさがしているの？）②（人を）訪ねる。[2] ★我去找你。Wǒ qù ~ nǐ.（あなたを訪ねて行きます。）★你找谁? Nǐ ~ shéi?（誰に用事ですか？）③（おつりを）出す。★找钱 ~qián（おつりを出す）

zhào 照 [動] ①照らす。②（写真を）撮る。[65]

★照相 ~xiàng（写真を撮る） 介…に照らして。

zhàopiàn 照片 名 写真。[9] ★一张照片 yì zhāng ~（1枚の写真）★拍照片 pāi ~（写真を撮る）

zhàoxiàng 照相 動 写真を撮る。[10] ●"照"と"相"に分離することがある。★照一张相 zhào yì zhāng xiàng（写真を1枚撮る）●"一"は省略可能。★照相机 ~jī（カメラ）●"相机"とも言う。

zhè 这 代 これ。この。[10]

zhe 着 助 …している。…してある。[13] ★坐着 zuò~（座っている）★墙上挂着一张画。Qiáng shàng guà~ yì zhāng huà.（壁に絵が1枚掛かっている。）

zhège/zhèige 这个 代 これ。この。[13]

zhèlǐ/zhèli 这里 代 ここ。[22]

zhème 这么 代 このように。こんなに。[41] ★这么贵啊！~ guì a!（こんなに値段が高いの！）★这么回事 ~ huí shì（こういう事）●量詞"回"を伴って後ろの名詞"事"を修飾している。

zhēn 真 形 本当の。[18] ★真的 ~ de（本当の物, 本当のこと，本当に） 副 本当に。[9] ★真好 ~ hǎo（本当にいい）

zhěngqí 整齐 形 整っている。揃っている。[18] ★服装整齐 fúzhuāng ~（服装がきちんとしている）★排列得整整齐齐 páiliè de zhěngzhěngqíqí（整然と並んでいる）

zhěngtiān 整天 名 1日中。終日。[41] ★整天工作 ~ gōngzuò（1日中働く）

zhēngyuè 正月 名 旧暦の1月。[54]

zhèngzhì 政治 名 政治。[1]

zhèngzōng 正宗 形 正真正銘の。本場の。[38]

zhèr 这儿 代 ここ。[3]

zhèxiē 这些 代 これら。これらの。[52]

zhèyàng 这样 代 このようである。[17] ★那就这样。Nà jiù ~.（では, そういうことで。）

zhī 之 助 …の。[22] ★三分之一 sān fēn ~ yī（3分の1）★之类 ~lèi（…の類）

zhī 支 量 棒状の物を数える。[37] ★一支笔 yì ~ bǐ（1本のペン）

zhǐ 只 副 ただ…だけ。[9] ★我只学了半年汉语。Wǒ ~ xuéle bàn nián Hànyǔ.（半年中国語を学んだだけです。）

zhǐ 指 動 指す。指し示す。[35] ★这指的是什么? Zhè ~ de shì shénme?（これは何を指しているのか？）

zhīdào/zhīdao 知道 動 知る。知っている。[1] ★你知道吗? Nǐ ~ ma?（知っていますか？）★你知不知道? Nǐ zhī bù ~?（知っていますか？）●"你知道不知道"を縮めた言い方。

zhíde 值得 動（…する）価値がある。[22] ★值得买 ~ mǎi（買う価値がある）★值得一读 ~ yì dú（一読に値する）

zhīhòu 之后 名 ①…の後。[65] ②その後。[54]

zhǐjiào 指教 動 教示する。指導する。[1] ★请多指教。Qǐng duō ~.（よろしくご指導ください。）

zhīshi 知识 名 知識。[30] ★知识多 ~ duō（知識が多い）

zhīwài 之外 名 …のほか。[46] ★除此之外 chúcǐ ~（このほかに）

zhǐyào 只要 接（"只要…就~"で）ただ…しさえすれば~。[53] ★只要多练习就会进步。~ duō liànxí jiù huì jìnbù.（練習を重ねさえすれば進歩するはずだ。）

zhīyī 之一 名 …の1つ。[13] ★五大名山之一 wǔ dà míngshān ~（5大名山の1つ）

zhǐyǒu 只有 接（"只有…才~"で）…してはじめて~。[52] ★只有多练习才能进步。~ duō liànxí cái néng jìnbù.（練習を重ねてこそ進歩できる。練習を重ねなければ進歩できない。）

zhīzhōng 之中 名 …の中。[65]

zhōng 中 名 中。[30] ★心中 xīn ~（心の中）

zhòngdiǎn 重点 名 重点。重点…。[14] ★重点学校 ~ xuéxiào（重点校）

zhǒnglèi 种类 名 種類。[38] ★种类多 ~ duō（種類が多い）

Zhōngwén 中文 名 中国語。[3] ★中文报 ~ bào（中国語の新聞）

zhōngxīn 中心 名 ①中心。[1] ★文化的中心 wénhuà de ~（文化の中心）②（施設としての）センター。★文化中心 wénhuà ~（文化センター）

122

zhōngyāng 中央 [名] 中央。[13]

zhōngyú 终于 [副] ついに。とうとう。[10] ★他终于来了。Tā ~ lái le.（彼はとうとうやって来た。）

zhù 住 [動] ①住む。泊まる。[36] ★你住在哪儿? Nǐ ~ zài nǎr?（どこに住んでいますか？）★我在北京住了三天。Wǒ zài Běijīng ~le sān tiān.（北京に3泊しました。）②補語として，停止することや安定することを表す。★站住 zhàn~（立ち止まる）★站不住 zhànbu~（じっと立っていられない）●可能補語の否定形。★记住 jì~（しっかり記憶する，覚える）★记不住 jìbu~（覚えられない）●可能補語の否定形。

zhuàngguān 壮观 [形] 壮観だ。[9] ★雄伟壮观的建筑 xióngwěi ~ de jiànzhù（雄大で壮観な建築物）

zhuàngkuàng 状况 [名] 状況。[65]

zhuànglì 壮丽 [形] 壮麗だ。[9]

zhùmíng 著名 [形] 著名だ。有名だ。[4] ★著名画家 ~ huàjiā（著名な画家）

zhǔnbèi 准备 [動] ①準備する。[54] ★准备好了 ~ hǎo le（ちゃんと準備した）②…するつもりだ。★我准备去一趟。Wǒ ~ qù yí tàng.（1度行ってみるつもりです。）

zhuōzi 桌子 [名] 机。テーブル。[15] ★一张桌子 yì zhāng ~（1脚の机）★桌子上 ~ shàng（机の上）

zhūròu 猪肉 [名] ブタ肉。[28]

zhǔshí 主食 [名] 主食。[38]

zhǔxí 主席 [名] 主席。[13] ★国家主席 guójiā ~（国家主席）

zhǔyì 主义 [名] 主義。…イズム。[55] ★社会主义 shèhuì ~（社会主義）

zì 自 [介] …から。[46] ★自古以来 ~gǔ yǐlái（昔からずっと）★我来自日本。Wǒ lái~ Rìběn.（日本から来ました。）

zì 字 [名] 字。文字。[51] ★写字 xiě ~（字を書く）★汉字 Hàn~（漢字）

zìjǐ 自己 [代] 自分。[10] ★自己的事自己做。~ de shì ~ zuò.（自分の事は自分でする。）

zìshā 自杀 [動] 自殺する。[55]

zǐxì 仔细 [形] 細心だ。[28] ★工作仔细 gōngzuò ~（仕事が綿密だ）★仔细研究 ~ yánjiū（詳しく研究する）

zǒng 总 [形] すべての。総…。[27] ★总人口 ~ rénkǒu（総人口）[動] まとめる。総括する。★总而言之 ~'éryánzhī（まとめて言えば，要するに）[副] いつも。どうしても。[65] ★他总是那样。Tā ~ shì nàyàng.（彼はいつもあんなふうだ。）

zòngzi 粽子 [名] ちまき。[55]

zǒu 走 [動] 歩く。行く。出かける。[2] ★她走得很慢。Tā ~ de hěn màn.（彼女は歩くのが遅い。）★我走了。Wǒ ~ le.（ではこれで失礼します。）

zǒulù 走路 [動] 道を歩く。歩く。[11] ★走路去 ~ qù（歩いて行く）

zuì 最 [副] 最も。一番。[4] ★最多 ~ duō（最も多い）★我最喜欢的菜 wǒ ~ xǐhuan de cài（私が一番好きな料理）

zuìhǎo 最好 [副] 一番いいのは…だ。[13] ★最好你自己看。~ nǐ zìjǐ kàn.（あなた自身で見てみるのが一番です。）

zuìjìn 最近 [名] 最近。[12] ★最近有点儿忙。~ yǒudiǎnr máng.（最近ちょっと忙しい。）

zūnzhòng 尊重 [動] 尊重する。[30] ★尊重别人的意见 ~ biérén de yìjiàn（他人の意見を尊重する）★互相尊重 hùxiāng ~（尊重し合う）

zuò 坐 [動] ①座る。[15] ★请坐。Qǐng ~.（お座りください。）★坐下 ~xià（座る，腰を下ろす）②（乗り物に）乗る。[59] ★坐飞机 ~ fēijī（飛行機に乗る）

zuò 做 [動] ①作る。[8] ★做菜 ~ cài（料理を作る）②する。[17] ★你喜欢做什么? Nǐ xǐhuan ~ shénme?（何をするのが好きですか？）③…になる。★做老师 ~ lǎoshī（先生になる）

zuòmèng 做梦 [動] 夢を見る。[50] ●"做"と"梦"に分離することがある。★我做了一个梦。Wǒ zuòle yí ge mèng.（夢を1つ見ました。）★做梦也没想到 ~ yě méi xiǎngdào（夢にも思わなかった）

zuótiān 昨天 [名] 昨日。[6]

乌鲁木齐 ◎

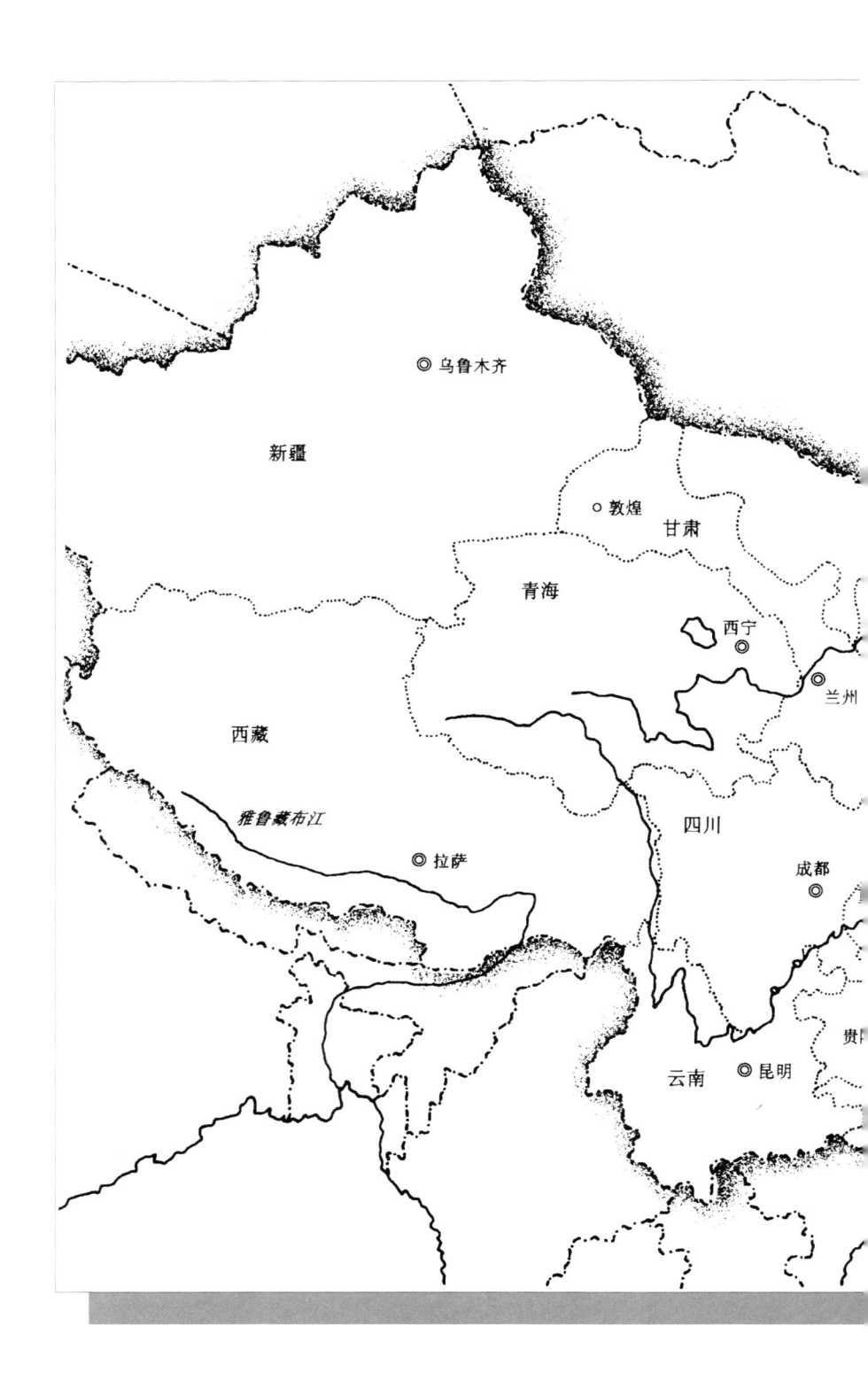

新疆

敦煌 ○ 甘肃

青海

西宁 ◎

兰州 ◎

西藏

雅鲁藏布江

◎ 拉萨

四川

成都 ◎

贵阳

云南 ◎ 昆明

中国地图

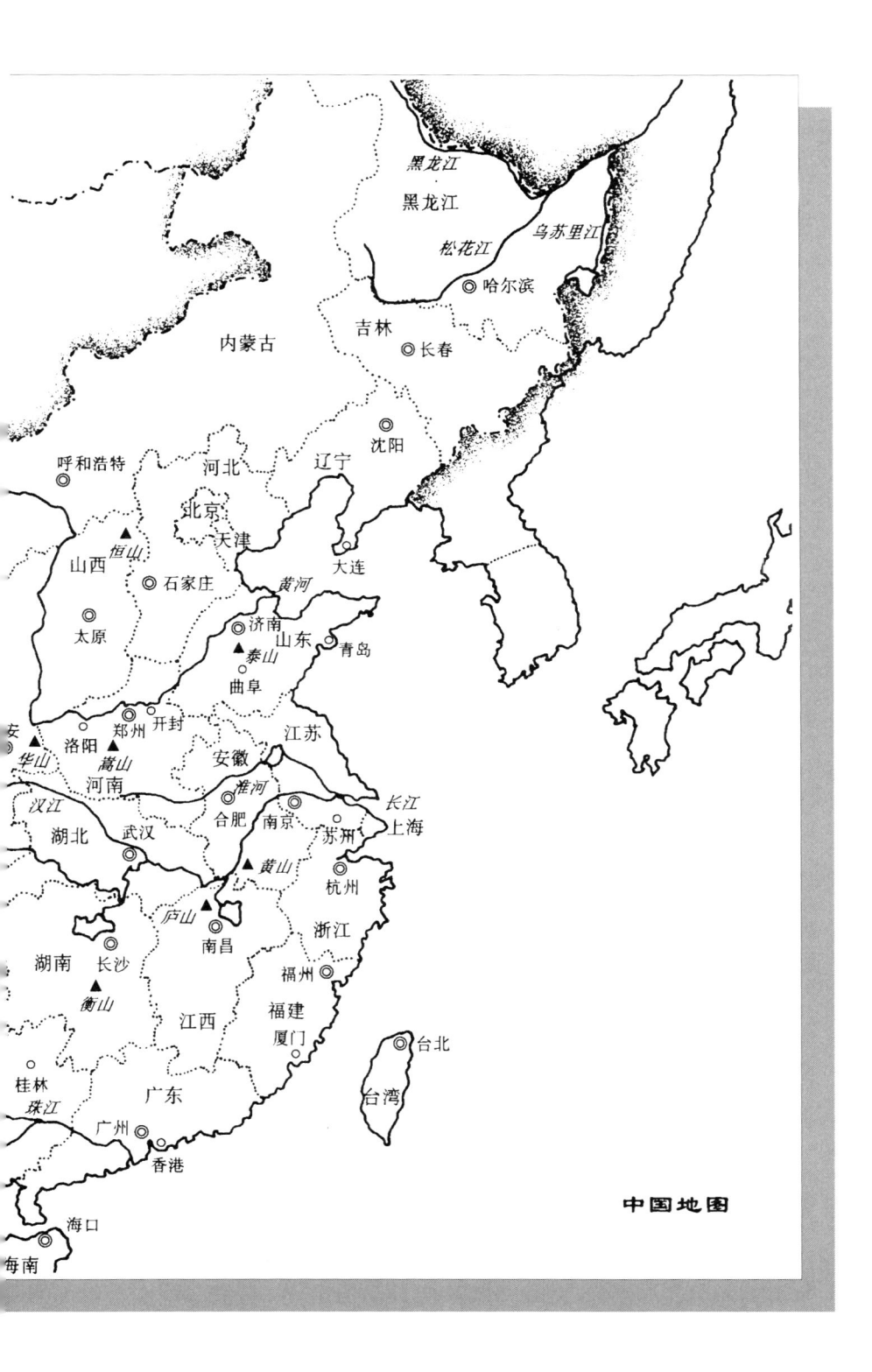

著　者
　小川郁夫（福岡国際大学名誉教授）
　張　科蕾（青島大学）

イラスト
　小川夏海

装　丁
　宇佐美佳子

新版 中国を知るための中国語中級テキスト
―「読む辞典」付き

2013 年 11 月 21 日　初版発行
2024 年 3 月 30 日　　6 刷発行

著　者　小川郁夫・張科蕾
発行者　佐藤和幸
発行所　白　帝　社
　　　　〒171-0014　東京都豊島区池袋 2-65-1
　　　　電話　03-3986-3271
　　　　FAX　03-3986-3272（営）/03-3986-8892（編）
　　　　info@hakuteisha.co.jp
　　　　https://www.hakuteisha.co.jp

組版　㈱オルツ　　印刷・製本　大倉印刷㈱

Printed in Japan〈検印省略〉6914　　　　ISBN 978-4-86398-144-7
Ⓒ OGAWA IKUO / ZHANG KELEI　＊定価は表紙に表示してあります